DR. LUCIANO JARAMILLO CÁRDENAS

¡AHORA ENTIENDO!

HERMENÉUTICA BÍBLICA

Vida®

¡AHORA ENTIENDO! HERMENÉUTICA BÍBLICA
Edición en español publicada por
Editorial Vida – 2005
Miami, Florida

Edición: *Edith Cabauy y Athala Jaramillo*
Diseño interior: *Haroldo Mazariegos*
Diseño de cubierta: *Orlando Rodríguez*

ISBN: 978-0-8297-6326-3

Categoría: Estudios bíblicos / Hermenéutica

Dedicatoria:

A mi esposa Athala, a mis hijos Patricia, Javier y María, Iris y Edgar, a mi primera nieta y a los otros nietos que Dios nos va a regalar.

Contenido

Introducción
Diferentes sentidos de las Escrituras.............................**9**

Capítulo I
Pistas para descubrir el verdadero sentido
de las Escrituras...**19**

Capítulo II
El sentido de uso corriente de las palabras..................**39**

Capítulo III
El sentido histórico-gramatical....................................**49**

Capítulo IV
El sentido literario de la Biblia...................................**61**

Capítulo V
El sentido típico de la Escritura **93**

Capítulo VI
Interpretación de textos históricos **109**

Capítulo VII
Interpretación espiritual de las Escrituras **123**

Capítulo VIII
Literatura y sentido apocalípticos............................**137**

Capítulo IX
El sentido pleno de las Escrituras.............................**149**

Capítulo X
Sistemas y principios hermenéuticos........................**161**

Antes de leer...

Luciano Jaramillo es un maestro en la más precisa acepción bíblica y secular de la palabra.

Su vasta erudición, unida a su dependencia personal del Espíritu Santo, mantiene en él una visión actualista de la iglesia en forma admirable. Su nuevo libro *Ahora entiendo - Diferentes sentidos de las Escrituras,* pone orden en medio de la improvisación teológica y la dejadez doctrinaria propias de la religión informal, que se han extendido nocivamente en los últimos tiempos.

La ortodoxia cristiana, es decir «lo que hemos creído todos en todo lugar y en todo tiempo» no puede ser zarandeada por los huracanes de las novedades, sino que estas deben contribuir al cambio continuo que Lutero definió en su expresión «Eclessia Semper Reformanda». Si la Reforma no se reforma, se deforma. Demos gracias a Dios por el talento de Luciano Jaramillo que coloca «la fuerza de las cosas» de Ortega y Gasset en el justo equilibrio de la cruz de Cristo.

Darío Silva-Silva
Presidente Concilio Global de CASA SOBRE LA ROCA,
Iglesia Cristiana Integral.

He leído con interés y admiración los originales del nuevo libro de Luciano Jaramillo *Ahora entiendo - Diferentes sentidos de las Escrituras,* en el cual este erudito cristiano ofrece un sencillo y magistral marco teórico para la Hermenéutica. Su análisis del origen y evolución de las lenguas bíblicas, los diversos sentidos de los textos originales, los géneros literarios y el significado espiritual de las Sagradas Escrituras constituyen un manual de consulta permanente e imprescindible para maestros y discípulos cristianos.

Esteban Fernández
Presidente Editorial Vida-Zondervan

Son pocos los que literalmente pueden ir por «todas las naciones» predicando y enseñando el evangelio de la paz y la esperanza. El doctor Jaramillo es uno de ellos, y a su vez, un excepcional portador y proclamador de lo que denominamos «una fe ilustrada». Hombre culto, sencillo y honesto, padre de familia, pastor, maestro, mentor, amigo y un siervo fiel de Jesucristo; y como escritor, alguien que ha dejado ya un legado muy valioso con varios libros que enriquecen el intelecto y cultivan el espíritu de los lectores.

Me considero afortunado, y privilegiado, de ser uno de los primeros lectores de este manuscrito, y no puedo ocultar que, la primera impresión que tuve sobre el libro al leer el título, *Ahora entiendo - Diferentes sentidos de las Escrituras*, fue que estaba ante un documento que abriría de par en par el extraordinario y misterioso mundo de la interpretación bíblica. Que de «primas a primeras», y sin mayor esfuerzo, me convertiría en un «intérprete». Error de principiante, o denominador común en una época en que el amor al estudio serio, profundo, responsable y certero de la Palabra de Dios ha caído a sus niveles más bajos; realidad que lamentablemente se refleja en nuestros púlpitos, que en alarmante porcentaje, los ocupan hombres y mujeres surgidos de la inercia de una sociedad religiosa en decadencia, que malamente imita la mediocridad de una generación deteriorada.

Gracias a Dios porque *Ahora entiendo*, es un recordatorio y un desafío para que retomemos el rumbo que nos trazó nuestro Señor, Maestro y Salvador Jesucristo, quien nos exhorta a «estudiar con diligencia las Escrituras» porque en ellas se halla «la vida eterna». El doctor Jaramillo ha sacado del arca de sus conocimientos, experiencia y erudición, este tesoro hermenéutico que debe ser estudiado y reestudiado para aprovechar las preciosas perlas, algunas visibles y otras escondidas, que ahora están en sus manos, querido lector. Este libro, es un verdadero tesoro espiritual e intelectual que nos conduce a través de la multitud de posibilidades que existen de acercarnos al texto bíblico para disfrutarlo, amarlo y no soltarlo «hasta que nos bendiga». Un último consejo. Si leemos este documento con una mente abierta, nuestros horizontes se ampliarán y descubriremos cosas extraordinarias que siempre estuvieron frente a nosotros, pero que hasta ahora éramos incapaces de vislumbrar. Incontables miembros de nuestras congregaciones hispanohablantes serán beneficiados, si nuestros pastores y líderes usan esta herramienta para cultivar su ministerio. Que el Dios de amor, nuestro Señor y Salvador Jesucristo y el Espíritu de verdad, nos acompañen en este peregrinar y nos ayuden a descubrir, fielmente, las verdades aquí exploradas. Al fin y al cabo son todas ellas expresiones de la gracia divina.

Haroldo Mazariegos
Pastor asistente IPC El Camino
Coordinador de asuntos hispanos - World Relief

Introducción

Diferentes sentidos de las Escrituras

Diferentes sentidos de las Escrituras

Hermenéutica

En su forma más sencilla, la hermenéutica ha sido definida como «la ciencia de la interpretación»[1] El término viene del griego *hermeneuo*: interpretar; puede significar también explicar, traducir. Una definición más completa es: «la ciencia que estudia y define principios y métodos para interpretar el sentido o significado de un determinado autor u obra»[2]. Como ciencia de la interpretación, se aplica a toda clase de obra humana, ya sea literaria, filosófica, artística o religiosa. Aplicada a la Biblia, toma ciertas características que nos llevan a formular reglas y principios dentro de los cuales debe entenderse el sentido y propósito del texto sagrado para hacer que su mensaje llegue claro y preciso al lector u oyente.

El objetivo primario y básico de la hermenéutica es descubrir y explicar, hasta donde sea posible, el significado original del texto. Este objetivo puede ser más fácil cuando se trata de obras literarias o de otro género que no tienen el extraordinario contenido y rico mensaje de la Biblia. Pero si aceptamos que la Biblia es más que un mero libro de historias, oraciones, leyes y poesías, y que nos comunica un mensaje esencial de verdades y hechos que atañen a toda la humanidad, la función hermenéutica se complica y solo se

[1] Milton S. Terry, *Biblical Hermeneutics*. Grand Rapids: Zondervan Publishing House, 1990. p. 17

[2] Juan Daniel Petrino, *Dios nos habla*. Buenos Aires: Editorial Claretiana, 1993. p. 191

cumple a cabalidad cuando llegamos a la comprensión plena de esas verdades y hechos. Un ejemplo puede ayudarnos: las parábolas de Jesús son hermosas, sencillas y transparentes; pero su contenido teológico-moral es profundo y trascendental: abarca valores universales como el del amor, la misericordia y el perdón, y verdades trascendentales como la de la providencia divina, el uso de los bienes y riquezas, la soberanía de Dios sobre la vida y la muerte, esta vida y la eterna. Las narraciones históricas como la de la liberación del pueblo de Dios de la esclavitud en Egipto, pueden estudiarse de una manera objetiva, como un hecho histórico de mucha trascendencia para el pueblo judío. Pero dentro de la narración de los hechos históricos aparecen mensajes teológicos y morales de aplicación universal, como el valor del pacto o alianza con un Dios que es fiel y los cumple; la infidelidad del pueblo y la persistencia amorosa del Dios de Israel en sacar a ese pueblo de su dolorosa peregrinación por el desierto hasta la tierra prometida «que fluye leche y miel». Y en el transfondo de todo se vislumbra claramente el principio de la «historia de la salvación», que solo será completa con la llegada del Mesías. Hasta aquí ya hemos empezado a descubrir que el texto bíblico es riquísimo en su contenido y nos brinda, además de su significado histórico y su sentido literal, otros mensajes de carácter teológico, moral y social, aplicables no solo a la época en la que la narración fue compuesta, sino también para todas las épocas y tiempos. Es precisamente esta realidad de la riqueza y multiplicidad de significados y mensajes que contiene el texto bíblico, la que nos lleva a estudiar, como parte de la hermenéutica bíblica, «los diferentes sentidos de la Escritura», que es precisamente el tema de este libro.

Un mensaje «encarnacional»

Si agregamos a lo ya afirmado, el hecho de que las Escrituras contienen un mensaje no sólo para su época, sino también para todas las épocas o, usando un lenguaje teológico, que el mensaje bíblico es eminentemente «encarnacional», es decir, que se encarna o hace parte de la realidad humana en la que vive el lector, debemos concluir que el ejercicio de la interpretación de ese mensaje debe pasar por diversos filtros exegéticos y hermenéuticos que nos permitan penetrar en todo su contenido. Dos preguntas son vitales para conseguirlo:

¿qué quiso decir el escritor bíblico a los primeros destinatarios del texto?, y

¿qué nos dicen ese mismo texto y autor a nosotros hoy en día?

Para descubrir este doble significado, debemos hacer lo que llaman los eruditos la «contextualización» del texto y del mensaje o sentido del mismo. Es decir, situar el texto dentro del contexto o ambiente histórico, social y literario en el que fue compuesto inicialmente para descubrir el significado o sentido primario que el autor quiso dar a sus primeros lectores u oyentes. Luego debemos situar ese mismo texto en el contexto en el que vive el lector o destinatario actual para descubrir lo que realmente quiere decir Dios, como autor supremo y último del texto, al lector de hoy, aquí y ahora, en la situación en la que actualmente está viviendo. Es aquí donde el conocer los diferentes sentidos que tienen las Escrituras nos ayuda enormemente. Descubriremos que, entre otros, existe un sentido literal histórico, un posible sentido alegórico o simbólico, un sentido típico, y un sentido que los estudiosos de la Biblia han llamado «pleno» (*sensus plenior*), que pudo estar oculto al mismo autor humano del libro sagrado, pero que permanecía en la mente divina para ser revelado a su debido tiempo. Multitud de pasajes del Antiguo Testamento tardaron siglos en revelar todo su contenido y mensaje hasta la llegada de Jesucristo. El mismo Jesús se encarga de revelarnos ese «sentido pleno» de las Escrituras que

se refieren a él, como cuando explicó el pasaje de Isaías
61:1-3a, aplicándolo a su misión en la tierra. (Véase Lucas
4:16-19)

Hermenéutica y exégesis

Como hemos visto, el objetivo de la hermenéutica es el de
establecer el sentido del texto de modo que el lector tenga un
claro entendimiento de su contenido, siguiendo las reglas y
cánones científicos de la investigación y la lectura.

El término exégesis (del griego *exeghéomai* = explicar,
interpretar o describir) es casi sinónimo de «hermenéutica». Hay, sin embargo, una diferencia técnica importante.
La exégesis aplica los principios y reglas dictados por la
hermenéutica. Por eso decimos que «exégesis» e «interpretación» son sinónimos: la exégesis es, en realidad, la interpretación misma de las Escrituras. O dicho en otra forma: es la hermenéutica aplicada. La hermenéutica da los
principios y normas, y la exégesis los aplica.[3]

Divisiones de la hermenéutica

Son tres: la noemática, que estudia los sentidos bíblicos;
la heurística, que se ocupa de los principios y normas de la
interpretación; y la proforística, que se encarga de la for-
mulación y exposición de las verdades bíblicas.

Significación y sentido

Ayudados por la Noemática, descubrimos que significado
y sentido no son lo mismo: el significado es absoluto; cada
palabra o término tiene su propio significado, independien-
temente de las circunstancias en que se utiliza o el uso que en
determinado momento se le quiere dar. Significado es lo que
la palabra quiere decir por sí misma. Podemos decir que cada
palabra tiene sólo un significado. El sentido, por el contrario,

---

[3] Ibid, p. 191

es rico y variado; cada término tiene y puede tener una gran variedad de sentidos, desdoblarse en diferentes acepciones o concepciones. Por ejemplo, la palabra «blanco» básicamente significa o tiene el significado único de un color de la escala cromática. Ese es su significado básico y fundamental. Pero de acuerdo con las circunstancias y contextos en que la usemos, pasa a tener muchos sentidos: un punto al que se apunta para disparar; un estado de pureza o limpieza; un campo inexplorado y hasta un apellido. El significado o la significación lo tiene la palabra o término en sí y por sí. El sentido se lo dan el uso o las circunstancias, las cuales dependen en buena parte de quien habla o escribe; es decir, de quien emplea el término en un momento dado. Según el gran filósofo-teólogo Tomás de Aquino, creador del sistema escolástico que ha servido de base metodológica a las enseñanzas de la Iglesia Católica, «el oficio del buen intérprete no es considerar las palabras sino el sentido».[4]

La Biblia, un libro divino-humano

Es verdad que identificamos las Sagradas Escrituras como «Palabra de Dios», pero en realidad estamos frente a un libro divino-humano. Es Palabra de Dios en el lenguaje del hombre; su autor último es Dios, pero él utilizó a autores humanos como instrumentos para transmitir su pensamiento y mensaje. Este mensaje y pensamiento divinos constituyen el sentido bíblico: lo que Dios nos quiere expresar, comunicar y enseñar, utilizando el lenguaje del autor humano. Lo que este autor humano primario nos transmite en su lengua, que él entiende como mensaje divino o revelación divina, es lo que constituye el sentido literal de las Escrituras; es el mensaje de infinita sabiduría de Dios encarnado en la letra y las palabras del escritor o transmisor humano del mismo. Este mensaje puede inclusive superar, en su contenido y alcance,

---

[4] Tomás de Aquino. *In Mathaeum*, XXVII.I.n.2321.

el mismo entendimiento del escritor humano o hagiógrafo.
Cuando esto ocurre, llamamos "oculto" a este sentido, porque ni el mismo transmisor humano lo conoce inicialmente,
y que va a revelarse después con el sentido pleno o *plenior,*
«más completo» de las Escrituras. Muchas veces este sentido está escondido no tanto en las palabras en sí, sino en su
contenido simbólico o paradigmático. Cuando esto ocurre,
estamos ante el sentido tipológico que, en algunos casos,
puede identificarse como sentido alegórico.[5] Vamos a tratar
de estudiar individualmente cada uno de estos sentidos, defi-
niéndolos y explicándolos con la ayuda de algunos ejemplos.

Principios hermenéuticos

Además de los diferentes sentidos que tiene la Escritura,
la hermenéutica se ocupa del estudio de los diferentes géneros literarios que encontramos en la misma y de los variados métodos de interpretación del texto sagrado. Todo
esto nos lleva a establecer principios claros y seguros de
interpretación y exposición bíblica. Es innegable la importancia de este trabajo, ya que así como los principios claros
y seguros y los métodos adecuados de investigación nos
llevan a una sana y correcta interpretación, lo contrario nos
conduce a un entendimiento equivocado y a una interpretación errónea de la Palabra. Detrás de esta afirmación hay
un hecho bíblico-teológico fundamental que es parte esencial del concepto mismo de revelación, y que podría formularse así: «Dios quiere que todos conozcan, entiendan,
acepten y vivan su revelación». En otras palabras, Dios revela su mente y pensamiento, sus leyes y mandamientos,
todo lo que constituye su Palabra con el propósito explícito
de que esta revelación llegue completa e intacta a la mente
y el corazón de todos los seres humanos de todas las razas,

---

[5] Para más información, véase J. Danielou, *Les divers sens de l'Ecriture dans la Tradicion
Chrétienne primitive. "Ephemerides Theologicae Lovaniensis"* 21 (1948), pp. 119-26.

tiempos, pueblos y culturas. De hecho, solo cuando este propósito divino se realiza plenamente, es decir, cuando la mente y el corazón de Dios se hacen mente y corazón humanos a través de la transmisión fiel de su revelación, es cuando se realiza plenamente esta revelación divina. De ahí la importancia del estudio del texto y su reconstrucción completa a través de la disciplina de la crítica textual, que nos da un texto único de las Escrituras en sus lenguas originales, fruto de la investigación, estudio y compilación de los mejores y más antiguos manuscritos de las Escrituras que hoy tenemos. De ahí también la importancia de contar con buenas y nuevas traducciones de la Biblia que superen los vacíos textuales de las antiguas versiones, y que nos transmitan la revelación divina en un lenguaje actual, fiel, fresco y confiable. Y de ahí también la importancia de una buena interpretación bíblica basada en principios y métodos hermenéuticos y exegéticos sanos y seguros, de acuerdo con los parámetros de las ciencias modernas de interpretación, según lo estamos estudiando en este libro.

En todo esto debemos presuponer que los autores sagrados inspirados por Dios no escribieron con el propósito de confundir o extraviar a los lectores o receptores de su revelación. No es justo pensar que las Escrituras divinamente inspiradas nos hayan llegado en forma de un jeroglífico o rompecabezas que solo los críticos y expertos puedan descifrar. La Palabra de Dios nos fue dada para hacernos a todos sabios en cuanto al negocio más importante de nuestra existencia, que es la salvación. A través de ella Dios nos habla clara y sencillamente, y comunica todo lo que debemos conocer para relacionarnos adecuadamente con él como nuestro Padre, y con Jesucristo su Hijo como nuestro Redentor y Maestro. Solo que toda esta revelación y estas verdades están en un lenguaje humano, que para la mayoría de los lectores de la Biblia es desconocido y está dentro de una cultura extraña o ajena para la mayoría de los lectores de la Biblia hoy. Esta revelación, por otra parte, se transmite a través de un lenguaje que contiene símbolos y metáforas, parábolas y alegorías, en forma de visiones y sueños y utilizando los recursos semánticos y retóricos del lenguaje. Pero la tradición judeo-cristiana de muchos siglos y el trabajo dedicado de miles de expertos amantes de la Palabra, nos han dejado herramientas de investigación, estudio y exposición bíblicas que nos ayudan hoy a captar claramente el mensaje que Dios nos ha dejado en su Palabra desde tiempos inmemoriales. Todos estos recursos de estudio e investigación, puestos en forma organizada y funcional, son los que constituyen las ciencias bíblicas a las cuales pertenecen en forma eminente la hermenéutica y la exégesis. Son estas dos ciencias las que animan las páginas de este libro, cuyo propósito fundamental es el de facilitar la exposición y presentación del mensaje bíblico con claridad y suficiencia a los lectores y oyentes de hoy a través de un mejor conocimiento y un más claro entendimiento del texto por parte del estudioso expositor del mensaje.

Esperamos que estas páginas nos abran un camino más claro y expedito hacia la Palabra que, por ser eterna, no envejece y mantiene en todo tiempo un mensaje fresco y actual que da sentido y dirección a la vida, haciendo buenas las palabras del salmista:

Tu Palabra es una lámpara a mis pies;
es una luz en mi sendero. Salmo 119:105

De esta manera las Escrituras podrán cumplir el cometido señalado por Pablo en la carta a los Romanos:

De hecho, todo lo que se escribió en el pasado se
escribió para enseñarnos, a fin de que, alentados
por las Escrituras, perseveremos en mantener nues-
tra esperanza. Romanos 15:4

Capítulo I

Pistas para
descubrir
el verdadero
sentido
de las
Escrituras

Pistas para descubrir
el verdadero sentido
de las Escrituras

Las lenguas, su origen y su incidencia en el sentido

La evolución de las lenguas. Las lenguas son como los seres vivos: nacen, crecen (cambian), se multiplican y mueren. Mientras existen, están en continua evolución; se transforman con los tiempos y las culturas que las utilizan para transmitir sus ideas, valores y realidades. Se modifican, pues, continuamente, y en algunos casos sus cambios son tan radicales que dan origen a nuevas lenguas o dialectos, y desaparecen convirtiéndose en lenguas muertas. Tal es el caso del griego y hebreo bíblicos, que hoy ya no se hablan, y del latín, que dio origen a las que llamamos lenguas romances (de Roma, a saber: francés, español, portugués, italiano, rumano), antes de desaparecer como lengua viva. El latín hoy se utiliza solo en los documentos y ritos de la iglesia católica romana. Estos hechos nos hacen pensar que las lenguas son, en efecto, acumulaciones de palabras y frases que un conglomerado humano o comunidad de personas utiliza para comunicar sus pensamientos y sentimientos. Las lenguas nacen del medio ambiente social y cultural, y se concretizan a través de las palabras como expresión de los pensamientos y vivencias de la gente que constituye esos grupos y culturas.

W.D. Whitney afirma que:

Las lenguas no tienen existencia fuera de las mentes y las bocas de quienes las usan. Están formadas
de signos separados y articulados, cada uno de los
cuales representa, por asociación mental, una idea.
Estos signos se han elegido en forma espontánea y
arbitraria, y su contenido o valor representativo de-
pende de la aceptación y acuerdo entre los hablantes
y oyentes de la lengua que forman.[1]

Entonces, para entender la lengua de un hablante cual-
quiera, debemos primero conocer el significado que él
mismo le da a las palabras que usa. Como hemos dicho,
este sentido o significado puede cambiar; por eso es importante que el intérprete de una lengua conozca el significado inicial o primitivo de las palabras, y el significado
que han adquirido con el tiempo y el uso.

Las palabras y su significado primario

Significado primario o etimológico. El sentido o significado primitivo de las palabras es el que llamamos «etimológico», y lo hallamos regresando a la lengua materna u
originaria. Por ejemplo, en español debemos ir al latín, al
griego o al árabe, que son las lenguas que dieron origen al
español. La palabra «teléfono» sabemos que viene de dos
palabras en griego: *telle* (distancia) y *fonos* (sonido), «comunicación a la distancia»; «fumigar» (del latín *fumus*:
humo y *gare*: esparcir, regar), «desinfectar algo a través de
humo o gases esparcidos». El nombre de mi esposa, Athala, me dicen que proviene de dos términos árabes: *At* (regalo) y *Alá* (Dios), «regalo de Dios». El sentido primitivo o

---

[1] W. D. Withney, *Language and the Study of Language.* Grand Rapids: Zondervan
Publishing House, 1990. p.394

primario de las palabras es, pues, el que llamamos «sentido etimológico», es decir, sentido de origen. El sentido primario nos remonta a los orígenes del idioma y es muy útil para conocer la historia de las palabras y sus significados. Nos dice además el porqué de ese significado; es importante para estudiar la filosofía y la historia de la lengua. Muchos de los conceptos que manejamos en nuestras doctrinas y enseñanzas se comprenden mejor cuando desmenuzamos los términos y palabras que utilizamos para representarlos. Tomemos, por ejemplo, la palabra griega *ekklesía*, muy frecuente en el Nuevo Testamento, que ordinariamente traducimos como «iglesia», compuesta de dos palabras: *ék* (fuera de) y *kalein* (llamar o convocar). Inicialmente se usó para indicar la asamblea de ciudadanos convocados para tratar negocios de interés público. La preposición *ék* indicaba que era un grupo selecto de ciudadanos conocedores de sus derechos e interesados en el bienestar de sus conciudadanos; no de masas de gente sin ninguna conexión o propósito o multitudes anónimas incapaces de deliberar con libertad y juicio. El término *kaleín* indica que la asamblea fue convocada legalmente para deliberar con plenos poderes legales, tal como se expresará después en relación con la iglesia cristiana en Hechos 19:39: «Si tienen alguna otra demanda, que se resuelva en legítima asamblea». Esta palabra se hizo común para designar la comunidad de creyentes venidos del judaísmo y del mundo gentil. Todo el poder significativo de *ék* y *kaleín* se conservó. El viejo concepto de la asamblea griega *ekklesía* vino a significar ahora la iglesia de Dios o del Señor, «comprada con su sangre» (Hechos 20:28); la congregación de los que han sido «llamados a ser santos» (Romanos 1:7) y «como linaje escogido, real sacerdocio, nación santa, pueblo que pertenece a Dios» llamados «de las tinieblas a la luz » (1Pedro 2:9).

Cambios de significado en el uso de términos o palabras.
La filología y sus ciencias auxiliares nos ayudan a descubrir interesantes desarrollos de una palabra en varias lenguas, que toman diferentes formas y usos. Por ejemplo, a las palabras hebreas *ab* (padre) y *ben* (hijo) se les puede seguir el rastro en todas las lenguas semitas y mantienen el mismo significado en todas ellas. La palabra griega para «corazón», *kardía*, aprece también en sánscrito, *hrid*; en latín, *cor*; en italiano, *cuore*; en español, *corazón*; en portugués, *coraçaõ;* en francés, *coeur; y* en inglés *core. Sin embargo, algunas palabras cambian de significado cuando pasan de una lengua a otra. De modo que el significado de la misma palabra, por ejemplo, en siríaco o árabe, no es el mismo que tiene en hebreo aunque las tres lenguas son semitas. Es el caso del verbo hebreo Yatsab, «estar firme, permanecer de pie»[2], que conserva el mismo significado en árabe y etiope de «erigir una columna o establecer algo»; en caldeo, «levantarse»; pero en siríaco esta palabra se usa para significar la acción del bautismo. Algunos dicen que es porque el candidato debe permanecer en pie mientras le echan el agua; otros interpretan que la razón es porque el bautismo confirma y establece a la persona en la fe. Otros verbos hebreos para expresar esta misma idea son amad (Salmo 1:1) y qum (Salmo 1:5). El hecho concreto es que una misma palabra puede tener varios significados en diversas lenguas y se debe tener mucho cuidado en el uso de las etimologías.[3]*

Los apaxlegómena. Estas son palabras que aparecen solo una vez en la Biblia y cuyo origen prácticamente se ha

---

[2] La NVI lo traduce como *"mantener sus posiciones"*, en el pasaje de Éxodo 14:13, cuando Moisés habló a los israelitas llenos de pavor ante el asedio de los egipcios: *"No tengan miedo. Mantengan sus posiciones, que hoy mismo serán testigos de la salvación."*

[3] Para mayor información sobre este y otros puntos relacionados, véase: Kevin J. Vanhooser, *The Semantics of Biblical Literature: Truth and Scripture's Diverse Literary Forms*, chapter two in D.A Carson and John D. Woodbridge, Editors, *Hermeneutics, Authority and Canon*, Grand Rapids: Zondervan Publishing House, 1986. pp. 50-104.

perdido. Para el Nuevo Testamento no es difícil trazar el rastro de estas palabras debido a la abundante literatura griega que poseemos. En hebreo es más difícil porque la lengua hebrea estuvo limitada a un país muy pequeño e insignificante en la geografía del Oriente, y no son muchos los documentos en hebreo que poseemos fuera de las Sagradas Escrituras. Un ejemplo de *apaxlegomenon* lo tenemos en el término *sulam* (Génesis 28:12), que no aparece en ninguna otra parte en hebreo. Hay que buscarle sinónimos o términos parecidos en otras lenguas, como por ejemplo, la palabra árabe *sullum*, que significa escalas o escalera. En efecto, se trata de la escalera que Jacob vio en su sueño, que se extendía de la tierra al cielo.[4]

En el Nuevo Testamento podemos dar muchos ejemplos como *epioúsion*, que se usa en el Padre Nuestro (Mateo 6:11; Lucas 11:3). Esta palabra no se usa en ningún escrito de la literatura griega excepto solamente aquí en la Biblia. Podría venir de *épi* y *lévai*; o ser un participio del verbo *epeimi*: ir hacia o acercarse, lo que nos daría el significado de «danos nuestro pan venidero», el pan de mañana. Etimológicamente parece correcto, pero no se compadece con la expresión *sémeron*: «este día», que tenemos en el mismo versículo, y hasta cierto punto contradice las enseñanzas de Jesús en el versículo 34 del mismo capítulo 6 de Mateo. Por eso otros proponen un origen diferente para esta palabra: *épi* y *ousía,* que tiene que ver con la existencia diaria o subsistencia, y significa «aquello que es necesario»: «nuestro pan esencial».[5]

Demos un último ejemplo de palabras muy difíciles *(apaxlegomena)*: *pistikós*, que se usa solo en Marcos 14:3 y

[4] E. A. Speiser E.A. T. 1, *Genesis. The Anchor Bible*, Garden City, New York: Doubleday & Company, 1987. pp. 216-20, and Gordon Wenham, *Genesis 16-50*, *Word Biblical Commentary*, Vol. 2, Dallas: Word Books,Publisher, 1994. pp. 217-22.

[5] Joseph Fitzmyer, *The Gospel According to Luke* (X-XXIV), *The Anchor Bible*, Vol. 28A, New York: Doubleday & Company, 1964. p. 905.

Juan 12:3. Describe el perfume de *nardós* (nardo) con que
María ungió los pies del Señor. Encontramos esta palabra en
manuscritos de Platón, Gorgias y Aristóteles, escritores griegos del siglo V a.C. Se han ensayado innumerables teorías
para explicar la palabra *pistikós* aplicada a «nardo», que es
un licor, que significa el lugar de origen del perfume, etc. La
más aceptable parece traducir *pistikós* como fiel, genuino,
puro. Es decir, se trataba de «nardo genuino», *«nardo puro»,*
como lo traduce la NVI.

Formas diversas del sentido literal

El sentido literal: es el que se expresa directamente por
las letras, palabras o expresiones concretas del lenguaje,
tal como lo entiende y usa el autor. Responde a la pregunta:
¿qué es lo que el autor o escritor nos quiere decir con estos
términos o palabras?

Al sentido literal se le dan diferentes nombres según sus
características:

Sentido literal histórico: es el que quiso darle el autor en
el momento de escribir, de acuerdo con el uso y sentido
que las palabras tenían en ese entonces. Como hemos visto, el lenguaje cambia y evoluciona, y es bien posible que
el mismo sentido literal de una palabra o expresión cambie. Por eso, para entender el sentido que un autor quiso
darle a sus escritos, debemos conocer el momento y medio
históricos cuando escribió y el sentido o significado que
las palabras tenían en ese entonces.[6] El evangelista Lucas,
al igual que otros autores del Antiguo y Nuevo Testamentos, usan, por ejemplo, la expresión *ándra oú gnoskó* (conocer varón) en uno de los sentidos que se le daba en su
tiempo, siguiendo la tradición y uso semita, de «tener relaciones sexuales». Las versiones modernas deben ajustar

---

[6] Juan Daniel Petrino. *Dios nos habla.* Lima: Editorial Claretiana, 1993. p.194

este sentido literal histórico al sentido actual, cuando el verbo «conocer» ya no se usa para lo que María quiso decirle al ángel en Lucas 1:34. La NVI traduce: «¿Cómo podrá suceder esto, ... puesto que soy virgen?»

Sentido literal obvio. Se le llama así porque es el sentido más inmediato y obvio que se desprende de las palabras usadas por el autor. Es lo que a primera vista y en primer lugar dice el texto.[7] Algunos piensan que el sentido literal puede expresarse no solo de modo explícito, sino también implícito. Es decir, se puede deducir de las palabras del autor. Por ejemplo, la preexistencia de Dios y de Cristo están implícitamente incluidas en la expresión: «En el principio», que aparecen en Génesis 1:1 y Juan 1:1.

Sentido literal lógico y gramatical. Se le llama así al *sentido literal* porque es la forma regular que se utiliza para establecerlo. Son las leyes gramaticales y lógicas las que nos ayudan a señalar este sentido, ya que el sentido literal es el que natural y primariamente tienen las palabras, según las reglas de la lógica y la gramática.[8] Por ejemplo: la palabra «perro» la encontramos muchas veces en las Escrituras; la mayoría de las veces con el sentido literal del animal de cuatro patas que todos conocemos: Éxodo 11:7; 22:31; Mateo 15:26; Lucas 16:21. Pero en otros casos «perro» se usa en sentido figurado: 2 Samuel 16:9; Filipenses 3:2; Apocalipsis 22:15. Abundaremos más en el estudio del sentido literal en el capítulo especial que le dedicaremos más adelante en este libro. Si hemos presentado estas primeras nociones y ejemplos de dos de los sentidos básicos bíblicos es para mostrar la importancia del estudio semántico y lingüístico de los términos, que nos ayudan a

---

[7] Ibid

[8] Ibid

descubrir el sentido exacto de las palabras. Queda así mismo evidente la importancia de la ciencia de la hermenéutica, de la cual forma parte precisamente el estudio de los diversos sentidos. Por eso es pertinente estudiar un poco las tareas y fines de la hermenéutica bíblica.

Tareas y fines de la hermenéutica bíblica

La hermenéutica posee unos fines y desempeña una tarea muy específica en el estudio de las Escrituras. Vamos a señalar tres de las más importantes:

1. La interpretación histórica. Las raíces de la fe cristiana y bíblica radican en la Biblia. Si queremos conocer el origen del pueblo hebreo, debemos acudir al Antiguo Testamento; lo mismo debemos hacer si queremos llegar a los orígenes históricos del cristianismo: debemos estudiar el Nuevo Testamento. La hermenéutica tiene una función histórica que nos ayuda a descifrar el origen del judaísmo y del cristianismo, sus bases y su origen. Es como descubrir la partida de nacimiento de la religión judeo-cristiana. En buena parte estas dos confesiones son una «religión del libro». Esto es válido para todas las ramas de la confesión cristiana, pero de manera especial para la rama evangélica reformada y protestante. En la raíz misma de la religión cristiana están los escritos de sus fundadores, que fueron los que dieron origen al Nuevo Testamento. Estos, después de ser aceptados por la iglesia primitiva, adquirieron un carácter canónico, es decir, un valor normativo para todos los adeptos de la religión cristiana en todo el mundo y en todos los tiempos. El Nuevo Testamento se unió al Antiguo, que había sido previamente aceptado por los judíos, incluyendo a Jesucristo y sus apóstoles, como parte de la verdad revelada.

Ahora bien, se da en las Sagradas Escrituras una circunstancia especial que guarda relación con el tiempo de su origen. Tanto el Antiguo como el Nuevo Testamento proceden de un ambiente cultural y lingüístico que pertenece a tiempos lejanos que hoy ha llegado a ser extraño para nosotros. El Antiguo Testamento nació de la mentalidad y lenguaje semíticos del Antiguo Oriente; el Nuevo Testamento nació del ambiente helenístico que prevalecía en todo el Imperio Romano cuya lengua y cultura fueron en un principio y por muchos años, aún después de la conquista romana, la lengua y la cultura griegas. De hecho, el Nuevo Testamento fue escrito en griego. Pero las cosas se complican cuando sabemos que la mayoría de los autores del Nuevo Testamento pertenecieron, en su modo de pensar y vivir, al mundo semítico-judío. Surge aquí un problema hermenéutico que hoy en día es muy discutido: ¿En qué medida influye la ascendencia semítica del autor en su obra escrita en griego? ¿Piensa en una forma semítica o griega occidental?

Veámoslo en un ejemplo concreto: el Evangelio de Juan, que comienza con la frase: «En el principio ya existía el Verbo» *(én arké én ó lógos)*. El buen exegeta se pregunta de inmediato: ¿en qué sentido quiere el autor que se entienda la palabra *logos?* Para el pensamiento filosófico estoico griego, *logos* representa a la razón del universo, la que rige y domina el mundo y todos los seres. ¿Es este el sentido que quiere darle el evangelista Juan cuando usa este término al principio de su Evangelio? ¿O está identificando más bien «la Palabra» divina como fuerza creadora, tal como se define en el primer capítulo del Génesis cuando dice repetidamente: «Y dijo Dios» y apareció la luz, la vida, los animales y el hombre? Podría haber una tercera significación o sentido: el concepto de la antigua mitología según el cual el *Logos* era un ser parecido a Dios, un ser intermedio entre Dios y el mundo, una especie de «segundo dios». Por otra parte, si vamos a los diccionarios, encontraremos una rica variedad de acepciones de la palabra *logos:* palabra, revelación,

sentencia, afirmación, debate, orden, noticia, narración, eva-
luación, motivo, movimiento, expresión oral, lenguaje, discurso, proposición, rumor, discurso, definición, máxima,
proverbio y muchos sentidos más.[9] Este solo ejemplo nos
muestra cómo el exegeta debe hacer un esfuerzo amplio y
profundo de investigación para desentrañar el auténtico significado de las palabras del texto. Para ello necesita del estudio de diferentes disciplinas bíblicas, desde la filología y la
lingüística hasta la historia, la antropología y la filosofía de
la religión. Todo esto está implicado en la clarificación del
significado que Juan quiso darle a la palabra *logos* en su
Evangelio. Gracias a Dios que los expertos en todas estas
disciplinas vienen trabajando con el texto bíblico por muchos siglos desde el momento mismo en que se produjo, y
nos han legado los resultados de sus estudios e investigaciones en manuales, textos y escritos que hoy podemos usar
para desentrañar el verdadero sentido del texto. Por esa razón es indispensable valernos de estos instrumentos en nuestro estudio de investigación: utilizar sin prejuicios todos los
medios que están a nuestra disposición, tales como: léxicos,
concordancias, gramáticas, diccionarios y comentarios de
buenos autores bíblicos.

2. La Interpretación existencial. Esta interpretación tiene que ver con la situación del lector o receptor del mensaje bíblico frente al texto o mensaje de las Escrituras, qué
posición adopta frente al mismo y las verdades y misterios
que transmite la Biblia. Un ejemplo nos ayudará a entender mejor el significado de esta segunda función hermenéutica: una persona va a entenderse a sí misma de manera
muy diferente si acepta y cree en la «eternidad» o en «otro
mundo» diferente al presente. La idea que un ateo materia-
lista tiene de sí mismo es distinta de la que tiene el creyente

---

[9] Véase Sebastián Amador, *Diccionario griego español*. Barcelona: Editorial Sopena,
1984. p.459.

que acepta como cierta la existencia de un Dios eterno y de otra vida y otro mundo después de la muerte. Y esta posición tiene consecuencias significativas sobre la manera de vivir el presente y sobre las decisiones más íntimas e individuales de cada persona.

Quienes aceptamos la Biblia sostenemos que esta nos ayuda a todos a comprendernos a nosotros mismos, a tener una idea más clara y segura de nuestra propia identidad y de las realidades temporales y eternas que rodean nuestra vida. Y esta es una de las tareas que debe cumplir la hermenéutica bíblica moderna. Es lo que podemos llamar «interpretación existencial de las Sagradas Escrituras». La frase del Evangelio de Juan: «el Verbo se hizo carne» debe llevarnos no solo a reflexionar ante la realidad de un Dios encarnado, sino a comprender mejor nuestra propia realidad humana en la que se encarna el mismo Hijo de Dios, y a pensar seriamente en las posibilidades que este hecho crea: las de mejorar la imagen y la realidad de nuestra propia humanidad. La encarnación de Cristo nos abre la posibilidad, como lo dice el mismo Juan, de llegar a ser nosotros mismos «hijos de Dios» (Juan 1:12). Esta segunda tarea de la hermenéutica de «interpretación existencial» de la Palabra puede definirse sencillamente como la de «hallar la relación que la Palabra de Dios tiene con la existencia concreta del hombre y la mujer». Es casi lo que los viejos manuales de exégesis llaman la «aplicación del texto» y su mensaje a la realidad cotidiana. ¿Qué luz arroja sobre mi existencia este pasaje o texto? El teólogo G. Ebeling afirma: «El principio hermenéutico es el hombre como conciencia».[10] Mediante el encuentro con la Palabra de Dios, la comprensión de sí mismo que hasta ahora tenía el hombre es confusa y desorientada. Esta comprensión es sometida a una

---

[10] G. Wort und Glaube Ebeling, *Gesammente Aufsaize*, Tubinga, 1962. p. 348

aclaración crítica, y el resultado puede y debe ser una verdadera comprensión de sí mismo delante de Dios. El objetivo de la interpretación existencial de las Sagradas Escrituras es que prosiga mejor este proceso para purificar la comprensión de sí mismo. Ahora podemos comprender que las dificultades que hoy tenemos para comprender el texto nacen no solo de sus orígenes históricos y lingüísticos, sino de la poca o nula relación que el hombre contemporáneo tiene con el mensaje bíblico. Lo cierto es que la interpretación de las Sagradas Escrituras es un proceso recíproco: yo interpreto el texto, pero el texto me interpreta a mí. Y este es precisamente el objeto de la interpretación existencial: el texto me deja ver que su mensaje me atañe a mí, me interroga, me hace reflexionar sobre mi ser y mi vida, mi proceder y pensar, y sobre mi propia realidad existencial. Es así como me coloco bajo la Palabra de Dios, y puedo experimentar cómo esta Palabra, de una manera misteriosa, puede iluminar mi vida, enderezar mi existencia, curar mis males íntimos, juzgar mi proceder y afectar lo más íntimo de mi ser: mi corazón y mis sentimientos, mi pensamiento y mis emociones. «Uno que no cree o no entiende se sentirá reprendido y juzgado por la voz profética de la Palabra, y los secretos de su corazón quedarán al descubierto. Así que se postrará ante Dios y lo adorará, exclamando: «¡Realmente Dios está entre ustedes!» (1 Corintios 14:24-25).

3. Interpretación histórico-kerigmática. La interpretación existencial de la Biblia es una necesidad de este tiempo, pero no es la única. Si la Palabra de Dios ha de poder cumplir su función curativa y restauradora, debemos pensar en lo que los expertos llaman la «interpretación histórico-kerigmática» de la Palabra, que es la que conduce al encuentro con el misterio divino de la salvación. *Kerigma* es el resumen del mensaje de salvación que encontramos en multitud de pasajes de la Biblia. Volvamos al texto de Juan 1:14: «Y el verbo se hizo hombre»; a continuación se añade: «y habitó entre nosotros». ¿Qué significa esta afirmación? Nos anuncia la presencia del Verbo divino encarnado entre los hombres en la persona de Jesucristo. Aquí el hermeneuta está ante una doble tarea: ha de mostrar que se trata del cumplimiento de una promesa del Antiguo Testamento (interpretación histórica: lo que nos dice el texto de la historia de la salvación); pero al mismo tiempo debe captar y trasmitir el mensaje kerigmático del texto: el misterio de la salvación que el texto quiere comunicar al lector. La razón de ser de la encarnación es procurar la salvación del hombre. Dios se ha puesto en Jesús al alcance del hombre. Jesús es ahora para el hombre muchas cosas que representan y realizan su misión salvadora: es pan de vida (Juan 6); es agua viva, que apaga la sed de salvación (4:14; 7:37-38); es el tronco vital que sostiene las ramas (15:1-6) etc., etc.[11]

Conclusiones y observaciones generales

De todo lo estudiado hasta aquí podemos colegir varias cosas: una de ellas es que extraer todo el sentido del texto es una tarea difícil que exige estudio y perseverancia y no debe tomarse a la ligera. Otras razones se explican a continuación.

El sentido literal y los sentidos supraliterales.

Determinar el sentido de un escrito es tanto como determinar lo que pensaba su autor cuando lo escribió. Sin embargo, la Palabra escrita asume a veces su vida propia adquiriendo una carga significativa que el autor no intentó darle. Al llegar al lector, después de muchos años, este

---

[11] Wilfred Joest, Franz Mussner y otros, *La interpretación de la Biblia*. Barcelona: Editorial Herder, 1970. pp. 16-18

descubre otros significados. De ahí que la moderna crítica literaria, sin abandonar la búsqueda de lo que el autor original quiso decir con su escrito, le dé importancia a lo que, de hecho, el escrito comunica al lector individual de hoy en día. Sin embargo, esto no elimina la posibilidad de que el principal cometido de la interpretación se centre en hallar el sentido que el autor original intentó transmitir.[12]

¿Qué significa el sentido que el autor intentó transmitir?

En la Biblia, descubrir el sentido intentado originalmente por el autor resulta a veces muy complicado por varias razones. En primer lugar, como ocurre con muchos otros libros antiguos, la época del autor, sus modos de expresión y su mentalidad distan mucho de ser los nuestros. El mismo concepto de «autor» significa algo diferente ahora de lo que significó en la antigüedad. En lo que se refiere a los libros bíblicos, podemos contar por lo menos cinco relaciones diferentes con la persona a cuyo nombre va unido un libro o escrito. Por eso cuando hablamos del «sentido de lo que el autor intentó transmitir», debemos delimitar la extensión de este concepto. Esto tiene que ver con la llamada «pseudonimia», que consiste en atribuir a uno o varios autores el contenido de un escrito por diferentes razones, como vamos a explicar a continuación.

Diferentes niveles de autoría de libros de la Biblia

Podemos diferenciar por lo menos cinco niveles distintos en la atribución de un libro o escrito bíblico a un determinado autor o autores.

Primero: Se consideraba autor, como hoy también ocurre, a la persona que había escrito de su puño y letra la

---

[12] Raymond Brown, Joseph Fitzmyer y Roland E. Murphy, *Comentario bíblico "San Jerónimo"*, Vol. V. Madrid: Editorial Cristiandad, 1986. p. 281

obra. Algunos autores bíblicos afirman esta clase de autoría cuando se identifican como los redactores inmediatos del libro. Es el caso de Lucas, quien se identifica como autor directo de su Evangelio (Lucas 1:3) y del libro de los Hechos (Hechos 1:1).

Segundo: Se consideraba autor a quien dictaba el contenido de un escrito o libro a un amanuense, quien copiaba al pie de la letra el dictado. Ciertamente no era la forma más adecuada y funcional por lo difícil y pesada que resultaba ser para quien dictaba y para quien copiaba. Sabemos, sin embargo, que algunos autores bíblicos la utilizaron. Podemos mencionar a Jeremías, quien usó a su secretario Baruc como amanuense a quien dictaba su profecía (Jeremías 36:1-6); Pablo también dictó parte de sus cartas. Estos dos niveles de autoría siguen siendo admisibles y legítimos hoy en día.

Tercero: Algunos libros revelan las ideas de una persona a quien se identifica como el autor, aunque estas ideas hubieran sido recogidas por alguien más, encargado de ponerlas por escrito. Muy posiblemente es el caso de la carta de Santiago, escrita en un perfecto griego literario difícil de entender si provenía directamente de un sencillo campesino galileo cuya lengua materna era el arameo. La moderna exégesis y hermenéutica resuelven el problema afirmando que muy probablemente un copista o amanuense, en este caso más bien redactor o editor cercano al apóstol Santiago, recogió las ideas y el mensaje de este y las presentó con su nombre.

Cuarto: Se consideraba autor de un libro a quien proporcionaba el cuerpo de enseñanza o doctrina y las ideas fundamentales del escrito, aunque fueran sus discípulos o seguidores los que compilaran esas ideas y le dieran

redacción final. Era requisito indispensable que el contenido del escrito respondiera fielmente a las ideas, términos y
espíritu del autor. Este era reconocido como tal inclusive
en los casos en que su obra hubiera aparecido en público
un tiempo después de su muerte. Algunas partes de Isaías y
Jeremías, así como también partes del Evangelio y las cartas de Juan, podrían caer en esta categoría. Lo cierto es que
alrededor de los profetas y de algunos apóstoles y maestros
como Juan y Pablo, se creó una corona de seguidores y discípulos que atesoraron sus enseñanzas y cuidaron de que
se transmitieran a la posteridad. Estas son las que llamamos «escuela paulina o juanina», grupos de seguidores y
discípulos que bien pudieron ser los responsables de complementar al menos parte de las cartas de Pablo y de los escritos de Juan.

Quinto: De una manera muy amplia se consideraba autor a un personaje famoso a quien se le atribuía un cuerpo
de doctrina o enseñanza, o un género específico de literatura, como es el caso de Moisés, a quien se atribuye la autoría
del Pentateuco, aunque sabemos que era física y cronoló-
gicamente imposible que Moisés mismo hubiera redacta-
do los cinco primeros libros de la Biblia, ya que estos
tardaron varios siglos para componerse en su totalidad, y
en ellos se habla inclusive de la muerte de Moisés. Pero
Moisés fue el gran jefe, legislador y representante de la
Ley (*Toráh*) y, como tal, se le atribuye esta, como si él fuera su autor. Es el mismo caso de David, reconocido como
el gran cantor, poeta y salmista, autor del Salterio, aunque
sabemos que muchos de los Salmos fueron escritos por varios autores. En el mismo sentido se le atribuye a Salomón
toda la literatura sapiencial.[13]

---

[13] Raymond Brown, *Op.cit.* Vol. V, p. 92.

El sentido original y el largo período de redacción de los libros

Es un hecho que los diferentes libros de la Biblia se redactaron en un período largo de tiempo. Este hecho complica la tarea de determinar el sentido real que el autor intentó dar, especialmente si descubrimos que no una sino varias mentes humanas intervinieron en su composición. Las llamadas «variantes» deben también tenerse en cuenta: cambios introducidos por escribas y copistas al reproducirlos o al traducirlos. Es aquí donde funciona la *crítica textual*, como una disciplina y técnica que nos permite hoy acercarnos al texto original más depurado posible, comparando los miles de manuscritos que poseemos de las Escrituras. Un ejemplo interesante es el del libro de Isaías, cuya composición duró no menos de doscientos años, según los expertos. No solo se agregaron partes al Isaías original, sino que se introdujeron cambios al punto que muchos identifican no dos, sino tres Isaías. Los últimos capítulos de Amós son adiciones al Amós original. Este es un libro bastante pesimista en general, en contraste con su final, que introduce una tónica de optimismo. En estos casos se debe identificar no solo el sentido original, sino el que adquirió el escrito después de las modificaciones o cambios sufridos.

El Autor divino y el autor humano de la Biblia

Este es el factor más complicado en la interpretación de las Escrituras. Cada palabra y versículo de la Biblia es fruto de un autor humano, que presta su mente y su lenguaje para la transmisión del Autor final y definitivo del texto sagrado: Dios. Como afirma el Concilio Vaticano II en su declaración *Providentissimus Deus,* y que otros cristianos de varias denominaciones podemos suscribir: *Dios movió de tal manera a los autores humanos a escribir, y los asistió mientras escribían, que expresaron fielmente las cosas que él dispuso.*[14] Nos hallamos, pues, ante un doble desafío: ¿qué intentó comunicarnos el autor divino y qué tan fiel a este pensamiento e intención divinos fue el autor humano? El estudio de los diversos sentidos de las Escrituras que vienen a continuación nos ayudará a dilucidar muchas de estas cuestiones y problemas.

---

[14] Providentissimus Deus, 72:17.

Capítulo II

El sentido
de uso
corriente
de las
palabras

El sentido de uso corriente de las palabras

Sentido primario y sentido corriente

En el capítulo anterior vimos que aunque las palabras tienen un significado o sentido primario, al analizar su etimología este significado puede cambiar y, de hecho, así ocurre con mucha frecuencia, según el uso que el hablante les dé a las palabras. De esta realidad semántica o filológica nace la necesidad de colocar cada palabra o expresión en su correspondiente contexto. Las palabras en particular —y las lenguas en general— tienen muchos contextos; los más importantes de todos son los contextos histórico y cultural. Todo hablante está sumergido dentro de una realidad histórica y cultural que lo condiciona en lo que dice o hace. Por eso su lenguaje y la forma de usarlo reflejan su cultura y su historia, y estos y otros contextos son los que dan sentido y contenido a la lengua y a la forma que cada hablante de la misma le da al utilizarla. Descubrimos con sorpresa que frecuentemente cambian el significado o sentido original del término, palabra o expresión. De ahí nace que muchas palabras tengan una variedad de significados, y que sea necesario para el estudioso de la Biblia el averiguar qué significado tienen las palabras en un pasaje dado de las Escrituras de acuerdo con el conocimiento que tenemos de la lengua y sus usos y del contexto especial en el que

dichas palabras se usan. Descubriremos, como ya lo hemos dicho, que con frecuencia esas palabras pierden su
significado primario u original. ¿Quién, por ejemplo sos-
pecharía, al usar hoy la palabra «sincero», que originalmente esta palabra se aplicaba a la miel pura, purgada o separada de la cera? Nace, en efecto, de las palabras latinas
sine: sin, y cera: cera. Se aplicaba a la miel separada o purgada de la cera.[1] El verbo «prevenir», que originalmente
significó «ir» o «venir primero», «adelante» o «adelantar-
se», hoy significa «obstruir, interceptar».[2] Esto es lo que
los expertos llaman *el usus loquendi:* el uso del que habla o
uso corriente, el que emplea el escritor o hablante dentro
de su contexto o de acuerdo con las circunstancias en que
escribe o habla. Este uso puede también ser el prevalecien-
te en determinado país o zona geográfica o en una época
determinada.

Cómo se da el usus loquendi o uso corriente

Hay muchas formas de llegar al significado o uso común
de la lengua. La primera es cuando el mismo escritor o hablante define el término que está usando. Por ejemplo, Pablo usa en 2 Timoteo 3:17 el término *ártios* (perfecto, completo); y a renglón seguido lo define: se trata del «siervo de
Dios que está enteramente capacitado para toda buena
obra.» Este es el significado que Pablo quiere darle al término *ártios*: perfecto. Existe también el término *téleioi*,
ordinariamente traducido como perfectos, maduros o adul-
tos. La carta a los Hebreos define el término como «los que
tienen la capacidad de distinguir entre lo bueno y lo malo,
pues han ejercitado su facultad de percepción espiritual»
(Hebreos 5:14). Estos se distinguen de los *bebés, némios*:
inexpertos.

---

[1] Milton S. Terry, *Biblical Hermeneutics*. Grand Rapids: Zondervan Publishing House,
1990. p.181.

[2] Ibid

Otro ejemplo: Pablo le dio diversos usos a la palabra «circuncisión». Compárese Romanos 2:28, donde Pablo afirma que «lo exterior no hace a nadie judío, ni consiste la circuncisión en una señal en el cuerpo», con el versículo siguiente 2:29: «el verdadero judío lo es interiormente; y la circuncisión es la del corazón, la que realiza el Espíritu, no el mandamiento escrito».[3]

El contexto inmediato

El primer contexto de un texto es el propio texto. Ningún texto bíblico está arrojado al vacío sin otros textos que lo rodeen y le den sentido y proyección. Este contexto del texto es el que nos ayuda a descubrir, en primer lugar, el sentido que el autor quiere darle a las palabras. Es decir, no el uso primario que tienen de por sí las palabras sino el uso que el hablante o escritor quiere darles. Llamamos a este el «uso corriente», y los técnicos lo identifican como *usus loquendi*, que literalmente significa «uso del que habla o del hablante». Por ejemplo, *pneúma* (viento, espíritu), se utiliza en el Nuevo Testamento para significar, según el contexto en que se usa: el viento (Juan 3:8); el aliento de vida (Apocalipsis 11:11); la disposición natural de la mente (Gálatas 6:1); el principio de vida, o la naturaleza inmortal del hombre (Juan 6:63); el espíritu ya confirmado en gracia en el cielo (Hebreos 12:23); el espíritu corrompido de los demonios (Mateo 10:1; Lucas 4:36); y el Espíritu de Dios (Juan 4:24; Mateo 28:19; Romanos 8:9-11). Con un poco de atención al contexto descubriremos el sentido que se le quiere dar al término. En Juan 3:8 descubrimos que el término *pnéuma* tiene dos significados en el mismo versículo: «el viento *(pneúma)* sopla por donde quiere, y lo oyes silbar, aunque ignoras de dónde viene y a dónde va.

---

[3] Ibid, p. 182

Lo mismo pasa con todo el que nace del «Espíritu» *(pneúma)*.[4]

Otro ejemplo es la palabra *stoixeíon*, que en griego clásico tiene varios sentidos: un poste que sostiene una señal; un sonido básico en la lengua o en la pronunciación; y en su forma plural se usa para significar los elementos básicos de algo o los rudimentos de una disciplina o conocimiento. Este es el sentido que tiene en 2 Pedro 3:10: los elementos de la naturaleza. «Pero el día del Señor vendrá como un ladrón. En aquel día los cielos desaparecerán con un estruendo espantoso, los elementos *(stoixeía)* serán destruidos por el fuego...» Sin embargo, Pablo usa la misma palabra en Gálatas para indicar las ceremonias rituales elementales del judaísmo, que atraían la mentalidad infantil y que en la nueva economía de la salvación no tenían ninguna importancia:

> *Así también nosotros, cuando éramos menores, estábamos esclavizados por los principios (stoixenía) de este mundo... Pero ahora que conocen a Dios... ¿cómo es que quieren regresar a esos principios (stoixenía) ineficaces y sin valor?*
> (Gálatas 4:6,9).

La antítesis

Esta figura o recurso retórico-literario es también de mucha ayuda para determinar el sentido de una palabra. Básicamente la antítesis encierra una oposición o contraste entre dos palabras o conceptos, y se usa mucho en las Escrituras. Cristo la utilizó con frecuencia: «El que no está de mi parte, está contra mí; y el que conmigo no recoge, esparce» (Mateo 12:30). La Biblia está llena de ideas, conceptos y palabras antitéticas: «Hijos de las tinieblas e hijos

---

[4] D. A. Carson and Woodbridge John D. (Editors), *Hermeneutics Authority and Canon.* Grand Rapids: Zondervan Publishing House, 1986. pp. 219, 234.

de la luz», «sabio y necio», «bien y mal», «carne y espíritu», etc. En Romanos 8: 5-8 Pablo nos presenta una antítesis prolongada introduciéndola en el versículo 4 con la expresión antitética *katá sárka y katá pneúma:* «según la naturaleza pecaminosa» (según la carne) y «según el espíritu». Luego el apóstol define por contraste ambos caracteres utilizando una serie de antítesis muy elocuentes:

> *Los que viven conforme a la naturaleza pecaminosa [o según la carne, kata sárka], fijan la mente en los deseos de tal naturaleza; en cambio, los que viven conforme al Espíritu [kata pneúma] fijan la mente en los deseos del Espíritu. La mentalidad pecaminosa es muerte, mientras que la mentalidad que proviene del Espíritu es vida y paz. La mentalidad pecaminosa es enemiga de Dios, pues no se somete a la ley de Dios, ni es capaz de hacerlo. Los que viven según la naturaleza pecaminosa no pueden agradar a Dios.*[5]

El paralelismo

Este es un recurso literario de primer orden e importancia en la poesía hebrea. Se parece mucho a la antítesis, aunque el paralelismo es de mayor profundidad y se da no solo en las palabras y expresiones, sino principalmente en las ideas y conceptos. Es, además, de diferentes clases: básicamente sinónimo o antitético según los conceptos que se expresan se repiten para reforzarse (*sinónimo*) o para contrastarse (*antitético*). Tenemos paralelismos en todos los libros de la Biblia, pero su uso es de especial importancia y pertinencia en los Salmos y los escritos sapienciales, en la literatura poética y sapiencial. En el Nuevo Testamento,

---

[5] Joseph A. Fitzmyer, *Romans. The Anchor Bible*. New York: Doubleday and Company, 1993. pp.488-89.

Juan es un maestro del paralelismo; basta con leer el prólogo de su Evangelio para confirmarlo. Juega con diferentes formas de paralelismo; una especie de paralelismo acumulativo le sirve para definir la naturaleza de Cristo:

> *En el principio ya existía el Verbo,*
> *y el Verbo estaba con Dios,*
> *y el Verbo era Dios* (Juan 1:1)

Luego juega con paralelismos antitéticos de «luz» y «tinieblas», de «aceptación» y «rechazo», de «nacimiento de la carne» y «nacimiento de Dios»:

> *En él estaba la vida,*
> *y la vida era la luz de la humanidad.*
> *Esta luz resplandece en las tinieblas,*
> *Y las tinieblas no han podido extinguirla.*[6]

Como hemos dicho, los Salmos son particularmente ricos en toda clase de paralelismos. Por ejemplo, el Salmo 18, para citar sólo uno, comienza con una acumulación de apelativos aplicados a Dios como refugio del hombre:

> *El Señor es mi roca, mi amparo, mi libertador;*
> *es mi Dios, el peñasco en que me refugio.*
> *Es mi escudo, el poder que me salva,*
> *¡mi más alto escondite..!* (v. 2)

Los versículos 6 al 15 son una lista prolongada de conceptos paralelos que identifican a Dios como el refugio y puerto seguro del creyente. Y todos están presentados en seguidilla de palabras paralelas que se van reforzando mutuamente; representan ideas y sentimientos que se concatenan unos con otros. Unos parecen ser la respuesta a los otros:

---

[6] George R. John Beasley-Murray, *Word Biblical Commentary*. Vol. 36, Nashville: Thomas Nelson Publishers, 1999. pp. 3-10.

En mi angustia invoqué al Señor; clamé a mi Dios,
y él me escuchó desde su templo; ¡mi clamor llegó a
sus oídos!

No se necesita mucha atención para descubrir voces paralelas como: *invocar, clamar; escuchar, llegar a sus oídos* en el versículo 6, que se ilustran y explican mutuamente. Ocurre lo mismo con las palabras *temblar, estremecer, sacudir, retumbar* del versículo 7; y *surcar los cielos, remontarse* del versículo 10; y las *flechas* y *centellas*, del v. 14.[7]

Comparación de pasajes paralelos

Una buena forma de descubrir el *usus loquendi* o uso ordinario de los términos o expresiones es comparando los pasajes paralelos. Cuando un escritor trata un tema en diferentes partes de su escrito o utiliza el mismo término repetidamente; o cuando diferentes escritores coinciden en el mismo tema y en el uso del mismo término, ayuda mucho a la interpretación estudiar paralelamente todos los pasajes donde se usa el término o se trata el tema. Unos pasajes pueden explicar los otros y las partes oscuras del tema pueden salir a la luz. Así, por ejemplo, Romanos 13:12; Efesios 6: 13-17 y 1 Tesalonicenses 5:8, que tratan el mismo tema del revestimiento del cristiano con la diferentes virtudes representadas por las partes de una armadura, se pueden entender mejor si se estudian paralelamente.

La palabra hebrea *anush* (Jeremías 17:9), equivalente a *nósos* en griego, que describe la situación del corazón humano pervertido y enfermo, puede y debe entenderse comparando su uso en otros pasajes. En español varias Biblias como la Dhh y RVR la traducen como «perverso»; la Biblia del Peregrino prefiere el término «enconado». Sin embargo, sabemos que el uso ordinario de esta palabra no es

---

[7] Milton S. Terry, *Op. cit.* p. 248.

este; el sentido primario de la misma parece ser «incurablemente enfermo». Es este el sentido que toma la Nueva Versión Internacional: «el corazón no tiene remedio»; la Biblia de Jerusalén, la Biblia del Pueblo de Dios: «No tiene arreglo». Encontramos la misma expresión en el pasaje de 2 Samuel 12:15 para describir la situación del hijo adulterino de David, que «cayó gravemente enfermo» (NVI, Dhh, RVR, Jerusalén). Esta misma expresión se usa en Miqueas 1:9 para indicar el estado lamentable de idolatría de todo el reino: «porque la herida de Samaria es incurable» (NVI). Encontramos el mismo significado en Job 34:6: «mis heridas son mortales» o «sus flechas me hieren de muerte» (es decir, son incurables). En Isaías 17:11 tenemos: «dolor y de la enfermedad incurable». Jeremías nos confirma en 15:18 que «incurable» o «sin remedio» son las mejores opciones para traducir el término hebreo en cuestión.

> *¿Por qué no cesa mi dolor?*
> *¿Por qué es incurable mi herida?*
> *¿Por qué se resiste a sanar?*

Nos quedamos, pues, con la traducción de la NVI y otras versiones para Jeremías 17: 9:

> *Nada hay tan engañoso como el corazón.*
> *No tiene remedio.*[8]

---

[8] Peter C. Craigie y otros, *Jeremiah 1-25, Word Biblical Commentary*. Vol. 26. Dallas: Word Books, Publisher, 1991. pp. 227-28.

Capítulo III

El sentido
histórico
gramatical

Capítulo III

El sentido histórico-gramatical

Para descubrir este sentido, nos ayuda mucho familiarizarnos con el significado común de las palabras y con los usos diversos que el pueblo da a las mismas. Los métodos que nos ayudan a descubrir estos usos y significados son también fundamentales en el descubrimiento del sentido histórico-gramatical. Las leyes de la gramática de la lengua y el conocimiento de los factores históricos que inciden en el uso de dicha lengua son muy importantes. Cada escritor escribe condicionado por dos factores fundamentales:

La lengua que usa y su gramática, que le indican la forma correcta de usar dicha lengua, y

las circunstancias históricas en las que se mueve. El escritor no puede dejar de tomar en cuenta estos factores.

En otra parte de este libro hablamos del *sentido literal,* que es el sentido más simple, sencillo, directo y ordinario de las palabras. A este se opone el *sentido figurativo* o *metafórico.* El sentido histórico-gramatical podría hasta cierto punto identificarse con el sentido literal, aunque en lenguas como el español y el inglés la construcción de frases y palabras tiene mucho que ver con el sentido histórico-gramatical. Algunos lo definen como «el sentido que el autor da a sus palabras, de acuerdo con las consideraciones históricas en que escribe»[1]. El sentido gramatical y el histórico se confunden, según Davidson.[2] Para que los contemporáneos hubieran podido entender a los autores sagrados, estos tuvieron que conformarse con la lengua y la gramática que regían en su tiempo y la que se hablaba en el país o región donde les tocó escribir. De otra manera no los hubieran entendido sus contemporáneos. Descubrieron, pues, el sentido corriente (*usus loquendi*) de su idioma y los modificaron de acuerdo con las circunstancias en que se encontraron, adaptándolo a las mismas. En todo caso, su idioma siguió las reglas del buen hablar de su tiempo, es decir, las reglas sintácticas y gramaticales en uso.

Principios y leyes del sentido histórico-gramatical

Las leyes que rigen para el sentido corriente (*usus loquendi*) son aplicables al sentido histórico-gramatical. Sin embargo, cada autor da un uso peculiar propio del sentido corriente de las palabras y de las leyes gramaticales que rigen ese uso. Este uso es parte de lo que llamamos el estilo del autor, que puede ser bonito y elegante o menos hermoso y hasta desgreñado; y todo esto sin quebrantar las leyes de la gramática. En español, por ejemplo, es muestra de un estilo pobre el uso de palabras generales o de estribillos repetidos, como *entonces, así, pues;* o términos genéricos como *cosa, asunto,* o el abuso de pronombres demostrativos o indefinidos como *alguno, ese, muchos,* etc. El uso acumulado de adjetivos calificativos que caracterizan un estilo florido, va en contra del estilo sobrio y escueto de otros. Los recursos del idioma, su léxico, giros y gramática son suficientemente flexibles y están a la orden de cada escritor o autor. Es a través de este uso que debemos

---

[1] Milton S. Terry, *Biblical Hermeneutics*. Grand Rapids: Zondervan Publishing House, 1990. p. 203.

[2] Samuel Davidson, *Sacred Hermeneutics*. Edimburgh Press. pp. 225-26.

descubrir el verdadero sentido histórico-gramatical de cada escritor. Pero por sobre todo, lo que nos permitirá extraer el verdadero sentido histórico-gramatical está en la construcción de las frases: un sujeto con sus predicados; cláusulas principales o subordinantes y cláusulas subordinadas, etc.

Otro principio fundamental del sentido histórico-gramatical es que las palabras y las oraciones solo pueden tener un significado y una única conexión entre sí. Si tienen varios significados en la misma frase o párrafo, desconcertamos al lector. El lector presupone que el escritor está usando la palabra o frase en el significado común universal que todo el mundo entiende. Es lo que llamamos el significado de sentido común. Por ejemplo, todo el mundo capta fácilmente el significado de la narración de Daniel y sus tres compañeros en el capítulo primero del libro que lleva su nombre. Hasta el más sencillo de los niños capta el sentido de lo que les está pasando a los tres jóvenes y por qué, gracias al claro sentido gramatical-histórico del texto. Este nos transmite lo que el autor quiere mostrarnos a través de este hecho: que Dios honra y protege a quienes cumplen con su ley y siguen las reglas de pureza y abstinencia que su Palabra enseña, en cuanto al uso de los placeres y de los alimentos. Concretamente en el caso de Daniel, él y sus compañeros se arriesgaron a perder su posición y hasta la vida por negarse a comer y a beber lo que el rey les ofrecía, porque iba contra sus convicciones y quebrantaba los mandamientos divinos. No pueden tener otro sentido las palabras de esta narración. Lo mismo podemos decir en la mayoría de las narraciones bíblicas que nos describen, por ejemplo, la vida de los patriarcas en el libro del Génesis. Estas y otras narraciones e historias que encontramos en la Biblia, basta con leerlas en la forma en que están escritas en el lenguaje original, que utiliza las reglas básicas de la gramática para transmitirnos los hechos tal como sucedieron. Es esto lo que les da pleno crédito como historias verídicas y plena confianza a los lectores para aceptarlas como tales.[3]

¿Qué decir de los milagros?

Estos son, tal como nos los presentan las Escrituras, hechos que ocurrieron según se narran, atestiguados por muchos. Los escritores no nos dan ningún indicio o motivo para pensar que no es así. Es bien claro que los evangelistas, por ejemplo, nos transmiten la resurrección de Jesús como un hecho real que ocurrió tal como ellos lo cuentan. El lenguaje que utilizan es histórico; no hay otra explicación ni racional ni misteriosa para el hecho. Su sentido histórico-gramatical fue el que se impuso en la iglesia primitiva y a lo largo de toda la historia del cristianismo. Otras explicaciones naturalísticas o míticas no han podido hacer mella en el hecho tal como los escritores sagrados nos lo transmitieron, usando el sentido histórico-gramatical: ocurrió como se dice; por lo tanto, las palabras que se usan son reales, claras y verídicas, y significan lo que primordialmente deben significar: que Jesús se levantó de entre los muertos y se apareció a sus discípulos. Las discrepancias que se alegan entre los evangelistas confirman las evidencias; cada uno narró el hecho utilizando la misma lengua griega en su mejor estilo. Quizás cada uno de ellos enfatice ciertos aspectos; pero el hecho central y básico está claramente presentado, y quien sabe griego puede leerlo en esa lengua y llegará a la misma conclusión: «Cristo resucitó». Esto mismo se da en otros muchos pasajes de los evangelios donde se narran hechos, palabras o milagros de Jesús, atestiguados por uno, dos, tres o los cuatro evangelistas.

---

[3] Manuel de Tuya y José Salguero, *Introducción a la Biblia. Hermenéutica*. Vol. II. Madrid: Biblioteca de Autores Cristianos, 1967. p. 20.

Hechos evidentes

Este lenguaje histórico-gramatical que nos presenta los hechos escueta y claramente es el que nos da confianza en las narraciones bíblicas. En el caso de los evangelios, y más concretamente en el hecho de la resurrección, descubrimos fácilmente que las siguientes afirmaciones son evidentes:

1. Jesús preanunció con bastante exactitud su muerte y pasión, aunque sus discípulos tardaron en aceptarlo.

2. Después de la crucifixión se apoderaron de los discípulos el desánimo, la decepción y el miedo; pero, al tercer día, después de las apariciones del Resucitado, el estado de ánimo de ellos cambió por completo. Todos admitían haber visto al Señor y narraban con detalles estos encuentros con el Cristo resucitado.

3. Afirmaron, además, que lo vieron subir al cielo. Poco después los descubrimos a todos predicando a Jesús resucitado en las calles de Jerusalén, en Palestina y fuera de Palestina.

4. Cerca de veinte años después, Pablo declara todos estos hechos como reales; afirma que Jesús se les apareció a Pedro y a los otros discípulos, y también a quinientos testigos juntos, que en su mayoría estaban vivos todavía cuando Pablo escribía este testimonio. Pablo llegó a afirmar que si el hecho de la resurrección de Cristo no fuera verdad, tal como lo narran los evangelistas, nuestra fe sería vana y falsa (véase 1 Corintios 15:14). Es, pues, evidente que Pablo toma muy en serio todos estos testimonios en su más estricto sentido histórico-gramatical, es decir, como hechos que ocurrieron tal como se narran, en el sentido que las palabras y las frases tienen en sí (gramaticalmente) y no interpretándolas como queriendo decir algo diferente. Podemos agregar que no sólo Pablo, sino la historia religiosa y profana tomaron todas estas narraciones en el mismo sentido. Estas han constituido

por veinte siglos la base histórica sobre la que se ha levantado el ministerio de la iglesia cristiana.

Importancia del sentido histórico-gramatical

El sentido histórico-gramatical ha servido de base para entender no solo los hechos sino las enseñanzas de la Biblia. Un solo artículo puede alterar el sentido de una frase. Por ejemplo, *óros* en griego (montaña), sin el artículo significa algo distinto de *to óros,* (una montaña o la montaña). En Marcos 3:13 se emplea la expresión determinada con el artículo definido *tó* (la) para decir que Jesús «subió a la montaña». «Subir a la montaña», así con el artículo definido, es una expresión en el Antiguo y Nuevo Testamentos para indicar algo más que el simple movimiento de ir de abajo a arriba; tiene, por lo general, el sentido de «buscar la presencia o la comunicación divina»; el añadir el artículo *tó* (la) es importante. Es muy posible que sea este el significado que Marcos da aquí a la acción de Jesús cuando se preparaba para tomar una decisión tan trascendental en su ministerio como era la de nombrar a su equipo de doce apóstoles. No quería hacerlo solo, sin antes consultar con su Padre en oración «subiendo a la montaña»[4]

Cuando Juan colocó un artículo delante de la palabra *kúrios* (señor) para decir *ó kúrio* (el Señor) en el pasaje de la pesca milagrosa (Juan 21: 1-14), para advertir a Pedro que acababa de descubrir a Jesús en el personaje que había aparecido en la orilla del mar de Galilea, quiso intencionalmente identificar de manera especial al Maestro con su título especial de «el Señor». Este título de «el Señor» equiparaba en la mente de los discípulos la persona de Jesús

---

[4] Gerhard Kittel y Gerhard Friedrich, *Compendio del diccionario teológico del Nuevo Testamento*. Grand Rapids: Libros Desafío, 2002. pp. 712-14. Véase además: Roberta A. Guelich. *Word Biblical Commentary*. Vol. Mark 1-8. Waco: Word Books, Publisher, 1999, pp.156-57.

con el Señor (*Adonai*) del Antiguo Testamento, que era Dios mismo. Más adelante en el mismo pasaje (v.12) repite el mismo apelativo *ó kúrios* para mostrar el respeto y santo temor que sobrecogió a los discípulos ante la presencia de Cristo resucitado. En efecto, cuando Jesús los llama a desayunar, dice Juan: «Ninguno de los discípulos se atrevía a preguntarle: '¿Quién eres tú?', porque sabían que era el Señor» (*ó kúrios*, Juan 21:12).

La posición de las palabras puede dar énfasis a las afirmaciones. No es lo mismo traducir Génesis 1:1: «En el principio, Dios creó» que «Dios, en el principio, creó…», como lo hace la Nueva Versión Internacional (NVI). Hay cierto matiz teológico que enfatiza en el segundo caso no solo la centralidad de Dios como protagonista de la creación, sino su preexistencia, antes de que todo tuviera principio.[5] Pasa lo mismo con el uso de los verbos y sus tiempos. En el Salmo 23, antiguas versiones traducen: «Jehová es mi pastor, nada me faltará» utilizando el tiempo futuro en todo el Salmo: «me hará descansar… me pastoreará… me guiará…» etc. La Nueva Versión Internacional (NVI) y otras versiones modernas utilizan el presente: «nada me falta… me hace descansar… me conduce… me infunde nuevas fuerzas… me guía…» etc., transmitiendo el mensaje de que el ejercicio de la providencia y protección divinas no son para el futuro, sino para aquí y ahora, lo que puede estar más de acuerdo con la doctrina de la providencia divina en toda la Biblia.[6]

El uso de conjunciones y adverbios es también delicado; una simple conjunción puede cambiar el sentido. Por ejemplo, en 2 Corintios 5: 14 la versión Reina Valera Revisada

---

[5] Véase la *Biblia de Estudio NVI*, Génesis 1:1. Grand Rapids: Vida-Zondervan Publishing House, 2002. p.8.

[6] Véase Hans-Joachim Kraus, *Psalms 1-59, A commentary*. Minneapolis: Augsburg Publishing House, 1988. pp. 303-09.

(RVR) traduce: «Porque el amor de Cristo nos constriñe, pensando esto: que si uno murió por todos, luego todos murieron...». La conjunción si no está en el original griego y debe omitirse, porque la frase no es condicional, sino que establece un hecho y es afirmativa. El texto debe traducirse: «El amor de Cristo nos obliga, porque estamos convencidos de que uno murió por todos, y por consiguiente todos murieron» (NVI). El primer verbo «nos obliga» (*sunéXei*) está en presente y denota la experiencia presente del apóstol al tiempo de escribir. El amor de Cristo (es decir, el amor de Cristo por la humanidad) nos obliga, nos ata. Todos sentimos la experiencia de Pablo y participamos del mismo sentimiento. «Estamos convencidos» *(krinantas)* es un participio aoristo griego que señala un juicio definitivo que Pablo se había formado en el pasado, quizás después de su conversión, y que ahora lo expresa como presente. Este matiz de pasado y presente, o una acción del pasado que se prolonga en el presente, es precisamente lo que expresa el tiempo aoristo en griego. Encontramos en este mismo pasaje otro caso de verbo en aoristo: *apéthanen* (murió por todos). La muerte de Cristo es un hecho realizado y concluido en el pasado una vez por todas, pero sigue teniendo vigencia permanente en el presente.[7]

Importancia de consultar varias versiones de la Biblia

Estos pocos ejemplos nos muestran la importancia del análisis del sentido histórico-gramatical para entender mejor la Biblia. El sentido gramatical debe, pues, estudiarse con cuidado, siguiendo las reglas exegéticas y hermenéuticas de un buen manual de esta materia. Hay principios y reglas bien establecidas del lenguaje —tanto en el lenguaje

---

[7] Véase la *Biblia de Estudio NVI*, Nota 2 Corintios 5:14. Gran Rapids: Vida-Zondervan Publishing House, 2002. pp. 1854-1855. Véase además Ralph O. Martin, *Word Biblical Commentary, Corinthians*. Vol. 40. 2, Waco: Word Books, Publisher, 1986. pp. 117-34.

original de la Biblia como en el de los lenguajes receptores— en que estudiamos la Palabra. Es aquí donde vemos la necesidad e importancia de utilizar diferentes traducciones de la Biblia y no contentarnos con una sola por mucho que la amemos y nos guste porque es la que siempre hemos usado. Como hemos visto en los pocos ejemplos citados, una traducción complementa a otra y a veces la corrige. Las traducciones modernas son necesarias precisamente para afinar el conocimiento exacto y correcto del sentido histórico-gramatical a la luz de los adelantos de las ciencias bíblicas, especialmente las que tienen que ver con la lengua misma: lingüística, semántica, filología, gramática, semiótica, etc. Estas disciplinas nos van a ayudar a dar una atención más cercana y completa al sentido y relación de las palabras; a seguir con atención y sentido el curso del pensamiento bíblico expresado por las palabras y frases del autor; a descubrir, a través de las expresiones y construcciones gramaticales de las narraciones y enseñanzas bíblicas, el sentido no solo superficial y aparente, sino el sentido profundo del mensaje bíblico, que viene siempre arropado en palabras y expresiones cuyo significado completo debemos desentrañar bien para entender lo que Dios nos quiere decir a través del texto.[8] ¿Tal vez sería esto lo que Cristo quiso decir cuando pidió a sus paisanos judíos incrédulos, especialmente a los líderes fariseos y doctores de la ley:

> *Escudriñad las Escrituras; porque a vosotros os parece que en ellas tenéis la vida eterna, y ellas son las que dan testimonio de mí.* Juan 5:39 (RVR)

y:

---

[8] Véase Moisés Silva, *The Place of Historical Reconstruction in New Testament Criticism, in Hermeneutics Authority and Canon.* Grand Rapids: Zondervan Publishing House, 1966. pp. 109-33.

*Ustedes estudian con diligencia las Escrituras
porque piensan que en ellas hallan la vida eterna. ¡Y
son ellas las que dan testimonio en mi favor!* Juan
5:39[9]

Un testimonio elocuente de lo que puede hacer en una
comunidad el estudio asiduo y profundo del texto bíblico
lo tenemos en lo que Pablo y Silas pudieron testimoniar en
la ciudad de Berea, cuando visitaron la comunidad judía en
su sinagoga y le hablaron del Evangelio de Jesucristo. Dicen los Hechos de los Apóstoles de los judíos de Berea:

*Éstos eran de sentimientos más nobles que los de
Tesalónica, de modo que recibieron el mensaje con
toda avidez y todos los días examinaban las Escrituras para ver si era verdad lo que les anunciaban.
Muchos de los judíos creyeron, y también un buen
número de griegos, incluso mujeres distinguidas y
no pocos hombres.* Hechos 17:11-12

---

[9] Dunbar, David G. *Biblical Canon, in Hermeneutics Authority and Canon*, Grand Rapids:
Zondervan Publishing House, 1966. p. 135.

Capítulo IV

El sentido literario de la Biblia

El sentido literario de la Biblia

Los géneros literarios y la interpretación bíblica

Determinar el *género literario* de un libro o escrito es fundamental para una adecuada interpretación de su contenido. En una biblioteca moderna los libros están clasificados por géneros: historia, ficción, poesía, drama, biografía, etc. Hay una gran diferencia en la forma como se trata un tema de acuerdo con el género utilizado por el escritor. Nuestra actitud al leer el escrito cambia también, según sea el género que tenemos por delante. Será diferente si el tema se trata como historia rigurosa, noticia periodística o mera ficción. No damos por seguro el mismo crédito a la ficción que a la historia o a la noticia.

La Biblia es una biblioteca producida en más de dos mil años por el pueblo de Dios y la iglesia primitiva, que contiene todos los géneros literarios que podemos imaginar: desde la historia más rigurosa hasta la ficción y el mito; diversas clases de poesía; literatura profética, sapiencial y apocalíptica; pasajes de leyes y prescripciones litúrgicas y rituales; cánticos e himnos, plegarias y oraciones y muchos géneros más. Quien quiera estudiar seriamente las Escrituras debe iniciar su estudio preguntándose a qué género literario pertenece el libro o pasaje que pretende estudiar. Cada género tiene sus propias leyes y métodos. No podemos, por ejemplo, tratar una parábola, que pertenece al género de la ficción didáctica, como si fuera historia rigurosa; ni las fantásticas figuras simbólicas de la literatura apocalíptica como si fueran realidades concretas e históricas.[1]

Clasificación literaria de los libros de la Biblia

Los estudiosos de la Biblia han sentido, desde muy temprano en la historia, la necesidad de clasificar sus escritos en categorías literarias de acuerdo con su forma y contenido. Los judíos clasificaron los libros del Antiguo Testamento en *la Ley (Torah), los Profetas y los Escritos*[2]. La clasificación cristiana de los mismos libros es aún más explícita y exacta en cuanto a su contenido literario: *escritos históricos, sapienciales y proféticos.* Los hallazgos arqueológicos y estudios avanzados de la literatura de los pueblos vecinos contemporáneos de Israel nos han ayudado mucho para ser aún más exactos en la clasificación de los escritos bíblicos. Ahora sabemos qué tipos de literatura eran usuales en la antigüedad en general, y en el mundo semita al que pertenecían los autores bíblicos en particular. Descubrimos, por ejemplo, la rica variedad de literatura poética que contienen los escritos sagrados: *poesía épica*, que canta las hazañas del pueblo de Dios y sus héroes en libros como el Pentateuco, Josué, 1 y 2 Samuel, 1 y 2 Reyes, y otros; *poesía lírica,* que permite a los autores de los Salmos y el Cantar de los Cantares derramar sus sentimientos y emociones interiores y cantar el amor, expresar las alabanzas y proclamar las glorias del Creador; *poesía didáctica,* en los libros de los Proverbios y Eclesiastés, en donde

---

[1] Para un estudio más profundo de los géneros literarios véase Walter C. Kaiser & Moisés Silva: *An Introduction to Biblical Hermeneutics, Part 2: Understanding the Text Meaning in Literary Genres*. Grand Rapids: Zondervan Publishing House, 1994. pp. 67-158.

[2] Kaiser & Silva, *Op. cit.* p. 69.

sus autores nos enseñan el camino de la sabiduría en estrofas y formas poéticas de profundo sentimiento y aun más profundo pensamiento; el *drama*, que tiene cabida en forma amplia e impactante en libros como Job y muchos pasajes de los libros históricos y proféticos, por no hablar de algunos pasajes de los Evangelios, como los que narran la pasión y muerte de Cristo y los que nos anticipan el drama final de la historia humana en el libro del Apocalipsis. Precisamente en los libros proféticos encontramos poesía épica y lírica junto con profecía y literatura apocalíptica. Estos géneros literarios tienen sus subgéneros que los autores bíblicos también utilizan ampliamente. En el Antiguo Testamento descubrimos diversos géneros de historia: historia *áulica* o *cortesana,* como la que narran los cronistas de la corte davídica en el capítulo 11 de 2 Samuel o el capítulo 2 del primer libro de Reyes, donde leemos un análisis realista y profundo de los hechos que evidentemente narra un testigo presencial. Otra clase de narración histórica es la que encontramos en el libro de Crónicas. La historia del Éxodo es de carácter épico, donde los personajes bíblicos se presentan aureolados por sus acciones heroicas. La historia de Jueces es más simple y popular y se refiere a los héroes tribales. Las narraciones del principio del Génesis sobre el origen del hombre y del mal son de carácter prehistórico y coinciden con las narraciones sobre el mismo tema de civilizaciones anteriores o contemporáneas de Israel. Es evidente la intención del narrador de enseñar una teología monoteísta (véase, por ejemplo, Génesis 2:6-8).[3]

Estos ejemplos nos muestran solo parte de la rica variedad de los géneros y subgéneros literarios que encontramos en la Biblia. Abundan, además, los relatos fantásticos, las parábolas y alegorías, los proverbios, dichos y máximas, los

---

[3] Juan Daniel Petrino: *Dios nos habla.* Lima: Editorial Claretiana, 1993. pp. 203-05.

himnos y coros, los discursos y arengas. Casi no hay campo literario en el que no incursione el texto bíblico.

Cada género debe estudiarse de acuerdo con su reglas y principios

Como hemos dicho, es importante que el lector y estudioso del texto descubra primero qué clase de texto tiene frente a sí. Una vez conocido su género literario, debe pasar a aplicar las reglas y principios que ese determinado género de literatura exige como método de investigación y estudio, para saber de verdad qué es lo que quiere expresar el autor y no hacerle decir lo que nunca intentó. Este es un terreno especializado que los textos de exégesis y hermenéutica bíblica nos enseñan. Es muy diferente, por ejemplo, estudiar el relato de Jonás como una historia real o como una historia ficticia o una parábola.[4] Si es parábola, como muchos autores modernos enseñan, no se insistirá en sostener que todos los detalles de la narración, como Jonás en el vientre de la ballena, son estrictamente históricos. Será más importante sacar las lecciones morales y espirituales que el relato nos transmite, como lo son: la omnipotencia de Dios, su voluntad soberana que se impone a la voluntad del hombre, el deseo y propósito universal de salvación de Dios, y su capacidad de perdón y redención que supera el deseo y capacidad del hombre representado por Jonás. Si el lector entiende que la alusión a que el sol se detuvo en Josué 10:13 procede de un fragmento poético de un antiguo canto de victoria la juzgará, no como una afirmación terminante que implicaría una equivocación científica de acuerdo con lo que la ciencia moderna hoy enseña, sino como una «licencia poética», como las tantas que

---

[4] Un buen ensayo sobre la historicidad del libro de Jonás puede leerse en Douglas Stuart, *Word Biblical Commentary*. Hosea-Jonah. Vol. 31. Waco: Word Books, Publisher, 1987. pp. 440-43.

hay en la literatura universal, legítimas y permitidas, que no deben juzgarse en su sentido literal, sino en su significación simbólica. En este caso al autor le interesaba expresar poéticamente el poder de Dios al servicio de su pueblo; la providencia divina que no puede ser detenida en su acción y propósitos ni siquiera por las fuerzas de la naturaleza.[5] Si el lector sabe que los relatos de Sansón pertenece a la literatura popular legendaria que todos los pueblos cultivan para engrandecer a sus héroes, la estudiará dentro de este género de literatura a la que ciertamente no se le debe dar la credibilidad que le damos, por ejemplo, a las crónicas históricas de la corte de David y Salomón, o a las narraciones históricas sobre la persona de Jesús que nos transmiten los Evangelios.[6]

Muchas de las dificultades en el estudio e interpretación de las Escrituras nacen de que queremos tratar todo el texto con criterios uniformes sin darnos cuenta de la inmensa variedad de géneros literarios que contiene, que deben tratarse de manera diferente según su naturaleza. Estas dificultades se acentúan en el estudio de la historia bíblica que, como hemos repetido muchas veces, no es historia en el sentido moderno estricto, sino historia teológica, historia con mensaje; historia que da cabida a una variedad de subgéneros históricos, como son los relatos populares o folclóricos, las tradiciones y hasta leyendas muy antiguas que la imaginación de los pueblos han enriquecido precisamente para hacer más eficaz la transmisión del mensaje central de las Escrituras. Lo mismo podemos decir del Nuevo Testamento. Los Evangelios no son biografías científicamente detalladas de la vida de Cristo, sino

---

[5] Gleason L. Archer: *Encyclopedia of Bible Difficulties*. Grand Rapids: Zondervan Publishing House, 1982. pp. 161-62.

[6] Más sobre las «maravillas sobrehumana» de Sansón y su explicación, puede verse en Gleason L. Archer, *Op. cit.* pp. 164-66.

resúmenes escritos de hechos selectos de su vida y milagros y transcripciones de parte de su predicación y enseñanzas.[7] Los evangelistas no pretendieron hacer un cuadro
cronológico exacto y minucioso de la vida y ministerio de
Jesús. Más bien estructuraron su vida siguiendo un propósito específico de entrega del mensaje central del Evangelio mismo: *presentar a Jesús como el Mesías Redentor de
su pueblo, enviado por el Padre para la salvación del
mundo*. Adaptaron y agruparon los hechos y dichos de Jesús de acuerdo con sus propósitos y con los destinatarios
primarios a los cuales cada evangelista dirigía su narración. Mateo a los judíos conversos; Lucas a los romanos y
gentiles; Marcos a los neófitos que debían conocer lo esencial de la vida y enseñanza del Maestro. Juan hace un evangelio complementario para una iglesia evolucionada y más
avanzada de finales del siglo I. Lucas monta todo su evangelio sobre un «camino de subida a Jerusalén», partiendo
de Galilea, donde se inicia la vida y ministerio de Cristo
con su infancia en Nazaret y el rechazo de su mismo pueblo natal (Lucas 3 y 4), para continuar hasta llegar a Jerusalén donde culmina con su muerte y resurrección. Todo
esto nos muestra que los Evangelios no pueden estudiarse
aplicándoles solamente los principios y leyes de una historia científica, sino principalmente los principios y leyes de
una historia didáctica en la que la enseñanza es tan importante como la historia misma; y la historia se narra no con
el propósito de hacer historia sino de enseñar.[8] Este principio está muy bien expresado dos veces en los capítulos finales del Evangelio de Juan:

---

[7] Juan Daniel Petrino, *Op. cit.* pp. 203-04.

[8] Para responder a la pregunta qué tanto de historia y de enseñanza teológica contienen los
evangelios, véase Moisés Silva: *But These Are Written That You May Relieve - The
Meaning of the Gospels*, en *An Introduction to Biblical Hermeneutics*, capítulo 6, Grand
Rapids: Zondervan Publishing House, 1994. pp. 104-119.

Jesús hizo muchas otras señales milagrosas en presencia de sus discípulos, las cuales no están registradas en este libro. Pero éstas se han escrito para que ustedes crean que Jesús es el Cristo, el Hijo de Dios, y para que al creer en su nombre tengan vida (Juan 20:30,31. Véase además Juan 21:25).

Historicidad e inspiración bíblicas

¿Sufre la historicidad de la Biblia con el uso del método de los géneros literarios? De ninguna manera. Por el contrario, se afirma de una manera más definitiva. Si comprendemos que la historia rigurosa es un género literario y la ficción es otro, y que ambos existen en la Biblia así como otros géneros intermedios, no estamos sino afirmando una realidad innegable. Y si clasificamos —como debe ser— un pasaje o sección dentro del género de ficción histórica y no de historia rigurosa y científica, no destruimos con ello la historicidad de ese pasaje o sección porque el autor sagrado nunca pretendió escribirlo y transmitirlo como historia real, sino como historia ejemplar o ficción didáctica. Es el caso de la parábolas de Jesús y otras muchas que encontramos en el Antiguo Testamento, que nunca ocurrieron en realidad pero ejemplarizan una realidad ficticia que aunque no ocurrió históricamente, pudiera ocurrir; pero que de todos modos encierran una enseñanza que es lo que realmente pretendían el autor y el mismo Jesús transmitir al narrar el hecho. Por el contrario, cuando encerrados en una exégesis fundamentalista y literalista pretendemos decir que todas las narraciones bíblicas son estrictamente históricas sin hacer la distinción arriba señalada, nos colocamos en la incómoda posición de tener que probar lo imposible, como que el sol se paró cuando nunca se mueve, y convertir la hermosa variedad de géneros a través de los cuales Dios nos revela su pensamiento y orienta nuestra vida, en el único género que nuestro estrecho criterio admite, sin aceptar los formidables avances y hallazgos que las diversas ciencias modernas nos han proporcionado en relación con la literatura bíblica.

La otra inquietud es si la inspiración divina sufre con la admisión de la variedad de géneros literarios, que nos enseña que algunas partes de la Biblia pueden pertenecer a la narración de ficción didáctica. La respuesta es sencilla: no podemos cortar las alas al poder y amplitud de la inspiración divina señalándole a Dios un campo limitado de inspiración de acuerdo con nuestro criterio estrecho de la misma. Dios puede inspirar todo género literario que no sea contrario a su santidad o verdad (como podrían ser, por ejemplo, la pornografía o la mentira). La ficción bíblica es tan inspirada como la historia bíblica, la poesía y las enseñanzas sapienciales, morales y espirituales. Por ejemplo, Dios inspiró al profeta Natán a que inventara una historieta en forma de parábola o ficción didáctica para reprender a David y sacarlo de su pecado. (Véase 2 Samuel 12:1-15)[9]

Los géneros literarios y sus formas de expresión

En términos generales se entiende por *género literario* el modo de exponer un pensamiento o asunto. La verdad contenida en un asunto o pensamiento se puede expresar de forma diferente, y de ahí nacen los diversos estilos literarios. Cada género literario tiene su verdad. No es lo mismo la verdad contenida en una expresión o palabra literal y directa cuando digo «sal para la comida», que cuando se toma en sentido metafórico, como cuando Jesús la usa para referirse a sus seguidores: «Ustedes son la sal de la tierra» (Mateo 5:13). Lo mismo podemos decir de los diversos estilos o formas de expresión: no es lo mismo el estilo o género oratorio ni el histórico o el didáctico; como tampoco lo es el hablar en forma figurada o hiperbólica. Todas son

---

[9] Grant R. Osborne: *The Hermeneutical Spiral*. Downer Grove: Intervarsity Press, 1984. pp. 189, 214, 236, 239.

formas diferentes de pensar y expresar la verdad, que deben tenerse en cuenta para conocer o desentrañar la verdad que contienen. Esta forma distinta de expresar la verdad es la que produce los estilos diferentes; y estos estilos diferentes son los que constituyen los «géneros literarios».

La presencia de los géneros literarios en las Escrituras es variada y rica, y su estudio es de capital importancia para hacer una buena exégesis o interpretación del texto sagrado. Conociendo cada uno de los géneros y estilos literarios en los que Dios nos comunica su verdad, es como podemos descubrir esta verdad. No confundiremos así una historia que realmente ocurrió tal como se narra, con una parábola, que es una historieta inventada que busca transmitir una enseñanza.[10]

Los textos bíblicos de acuerdo con su género

Aunque ya hemos visto varios de los géneros literarios que encontramos en la Biblia y hemos señalado ejemplos de sus diferencias y de la mejor manera de interpretarlos, vamos a resumir aquí los textos bíblicos en cuatro grandes categorías literarias: **textos narrativos, textos proféticos, textos poéticos y textos sapienciales y didácticos**. Cada uno de estos géneros y categorías tiene sus subgéneros. Por ejemplo, el subgénero «evangelios» es parte del género narrativo; el género profético puede subdividirse en varios subgéneros, uno de los cuales es casi un género en sí: la profecía apocalíptica. Al género sapiencial o didáctico pertenece el género epistolar.

Textos narrativos

Las narraciones abundan en los dos Testamentos, y van desde narraciones estrictamente históricas hasta narraciones

---

[10] Manuel de Tuya y José Salguero: *Introducción a la Biblia- Hermenéutica*. Madrid: Biblioteca de Autores Cristianos, 1967, p. 13.

supuestas o inventadas con fines morales como en el caso de las parábolas. Las narraciones evangélicas forman una clase especial. A este género pertenecen los llamados libros históricos, como son el Pentateuco, Josué, Jueces, los dos libros de Samuel y otros en el Antiguo Testamento; también parte de los Profetas y los Evangelios y Hechos en el Nuevo Testamento. Toda clase de narración se distingue por su contenido, que es la exposición de hechos y eventos históricos. La forma como estos hechos se narran puede variar. Hay narraciones que transcriben estrictamente hechos reales y concretos tal y como sucedieron; por ejemplo, la caída de Jerusalén en 2 Reyes 25; la última cena, la pasión, muerte y resurrección de Jesús. Otras veces las narraciones son más de carácter didáctico, y es más importante la enseñanza que encarna que los detalles exactos de los hechos. Este es el caso de la narración de la creación, la del pecado y caída de nuestros primeros padres y del mismo libro de Jonás. *Debe tenerse en cuenta que la realidad histórica del relato bíblico puede ser presentada a veces envuelta en ropaje del lenguaje simbólico*[11]. En efecto, el concepto de historicidad entre los antiguos es muy diferente al que tenemos hoy en día. La preocupación del escritor sagrado no es tanto la transcripción exacta y precisa de hechos sino la conexión que estos hechos tienen con los planes de Dios y su significado en la realización del plan de salvación.

Textos proféticos

Los textos proféticos constituyen el eje fundamental y el núcleo básico de las Escrituras. Hay mensaje y contenido proféticos en casi todos los textos bíblicos, ya sean narrativos, proféticos o apocalípticos. De hecho, el lenguaje literario de los textos proféticos es la poesía, el símbolo. Por

---

[11] José M. Martínez: *Hermenéutica Bíblica,* Barcelona: Clie, 1984, p.262.

eso deben interpretarse con sumo cuidado, aplicando los principios y normas propias de este género. Quienes quieran penetrar en el mensaje profético de las Escrituras deben familiarizarse al máximo con el movimiento profético en Israel y de la estructura y contenido de su mensaje, que incluye entre muchos otros aspectos: (1) *la autoridad y fuerza de la Palabra divina*, (2) *la denuncia del pecado*, (3) *la proclamación de juicio divino* y (4) *los anuncios de salvación.*[12]

Principios y orientaciones para el estudio de textos proféticos.

Enunciamos, sin elaborar mucho sobre ellos, algunos principios que expertos en exégesis bíblica aconsejan para el estudio de los textos proféticos:

1. *Búsquese en primer término averiguar qué fue lo que el profeta quiso comunicar a sus contemporáneos.* La contextualización histórica es muy importante porque Dios no revela nada en el vacío sino dentro de un contexto cultural, antropológico e histórico.

2. *Trate de descubrir la relación o conexión que la revelación profética del texto estudiado tiene con la historia total de la salvación.* La revelación y los planes divinos para el ser humano están conectados, son consecuentes y tienden a una culminación final. Por eso no existen pasajes o hechos aislados en la Biblia; todos tienen su conexión.

3. *Búsquese la «perspectiva profética»,* es decir la conexión hacia el futuro que determinados anuncios o hechos proféticos tienen con otros acontecimientos, que son parte

---

[12] Para un estudio más profundo y extenso en este punto, véase José M. Martínez, *Op. cit.* pp.293-317.

del desarrollo histórico del plan divino de salvación, aunque estén separados por la distancia y el tiempo. Por ejemplo, el pasaje de Isaías 61:1-3 tiene su mejor interpretación en las palabras de Cristo en la sinagoga de Nazaret, cuando anunció el cumplimiento de este pasaje del profeta Isaías en su propia vida y ministerio (Lucas 4:18-19).

4. *El lenguaje profético debe examinarse con el máximo de atención y cuidado.* Aunque con frecuencia este lenguaje puede entenderse en sentido literal, muchas otras veces es figurativo y simbólico. El conocimiento de las figuras literarias, así como las metáforas, los símbolos y otros recursos retóricos de expresión son muy importantes. Por ejemplo, Miqueas anunció el nacimiento de Jesús en la ciudad de Belén, como ocurrió en realidad (Miqueas 5:2). Mal podría interpretarse que se trata de un nombre simbólico. Por eso la primera interpretación que debe darse a los textos proféticos es literal, antes de entrar a interpretarlos simbólicamente.

5. *Los textos apocalípticos tienen su propia interpretación.* Para interpretarlos, deben estudiarse y aplicarse las reglas y técnicas de esta literatura. La visión de futuro, el significado simbólico de números, colores y animales, y el concepto fundamental que tiene toda la literatura apocalíptica sobre la soberanía de Dios y el dominio absoluto que tiene sobre la historia, son fundamentales en este estudio.

6. *Debe considerarse que las profecías no aparecen en un orden o secuencia especial.* Aparecen muchas veces en un orden arbitrario, especialmente en los grandes profetas, como Isaías, Jeremías y Ezequiel, en donde se suceden profecías sobre hechos distantes y desconectados unos de otros. Hay un poco más de orden en algunos profetas menores como Habacuc.

7. *Los temas especiales deben considerarse dentro del contexto general del libro y a la luz de toda la manifestación profética.* Por ejemplo, el tema del «Siervo de Yahvé» que Isaías trata en extenso. Otros temas como el del reinado mesiánico y el derramamiento del Espíritu aparecen esparcidos en varios libros.

8. *Hay predicciones que dependen de ciertas condiciones; otras no.* Las segundas dependen exclusivamente de la voluntad divina, como por ejemplo, las relativas a la venida del Mesías. Pero muchos juicios divinos sobre Israel estaban condicionados al comportamiento de su pueblo. Jonás 3:4 es un buen ejemplo de profecía condicionada; la salvación de Nínive dependía de la conversión de sus habitantes.

9. *Debe precisarse si la profecía se ha cumplido o no.* Muchos comparan el movimiento profético con el del salto de distancia, que se inicia retrocediendo para tomar impulso, y luego el atleta toca en un primer punto, que podría ser el presente; luego en un segundo punto, y en otro y en otro y otros puntos futuros. El ejemplo es la profecía de Cristo sobre la destrucción de Jerusalén, que tiene como primer punto del salto profético el año 70 d.C., cuando tuvo parte de su cumplimiento con la destrucción de Jerusalén y el templo; pero tiene una segunda parte que aún no se ha cumplido, que se refiere al fin de los tiempos y la segunda venida del Hijo de Dios (Mateo 24:1 ss.).[13]

Textos poéticos

La poesía bíblica es abundante, variada y hermosa. Libros enteros pueden clasificarse como poéticos. La poesía

---

[13] Más sobre el lenguaje profético en Josef Schreiner: *Introducción a los métodos de la exégesis bíblica*. Barcelona: Editorial Herder, 1974. pp. 273-278.

bíblica se presenta en varias formas: épica, que canta las hazañas heroicas del pueblo de Dios y sus líderes; y la lírica, que expresa los sentimientos y vivencias del escritor sagrado o de los protagonistas de tantas y tantas historias y pasajes dentro de la vida e historia del pueblo de Dios. La poesía es didáctica en los libros sapienciales como Proverbios y Eclesiastés; dramática en Job; profética en los profetas, y lírico-dramática en el Cantar de los Cantares. Prácticamente todos los libros de la Biblia tienen pasajes poéticos. Mucha de la poesía viene en forma de himnos, cánticos, doxologías, plegarias y oraciones.[14]

La poesía hebrea

Los pueblos semitas, a los que pertenece el pueblo hebreo, se caracterizan por su imaginación, fantasía y mente soñadora, que se refleja en su literatura, especialmente en el lenguaje poético que utiliza en abundancia las figuras, símbolos, símiles y metáforas. Es difícil encontrar himnos y cánticos de mayor vuelo poético y lenguaje florido que el de los salmos. Como afirma W. J. Martin, la inspiración divina presta alas a la imaginación poética de los autores bíblicos para:

> *Hurtar música a los luceros matutinos..., cabalgar sobre el mar embravecido y sobre las nubes en las alas del viento; hacer el oro regio más rico; la mirra, más fragante, y el incienso más oloroso... Mientras haya aliento en los hombres, sus versos eternos formarán la letanía del corazón que ora. Las cuerdas que toca son las cuerdas del arpa de Dios.*[15]

---

[14] Para un análisis más profundo de los textos bíblicos poéticos véase Tremper Longman III, *Literary Approaches to Biblical Interpretation*, Capítulo 6, *The Analysis of Poetic Passages*, y 7 *Examples of Poetic Análisis*. Grand Rapids: Zondervan Publishing House, 1987. pp. 119-50.

[15] W.J. Martin, *The New Bible Dictionary*, p.1.008.

Sin rima ni métrica: en la mayoría de las lenguas, estos dos elementos son esenciales en la poesía, sobre todo en la poesía clásica y tradicional. La consonancia o asonancia de los versos son las que le dan ritmo y musicalidad al lenguaje poético. Sin embargo, en idiomas antiguos como el hebreo, el acadio, el copto o egipcio y el mismo chino, la rima no existe. El ritmo y armonía es interno, no externo, y se percibe en el contraste y arreglo de los conceptos e ideas. De ahí nace el **paralelismo** como el elemento fundamental de la poesía en estas lenguas. La **métrica** o medida del verso tampoco existe en la poesía hebrea de la misma forma que se usa en otras lenguas. Lo que sí se da en esta y las otras lenguas señaladas, es cierta medida de los versos: unos más largos que otros, que se organizan más por las sílabas acentuadas. Los **acrósticos** son frecuentes en la poesía hebrea, como lo vemos en algunos Salmos, por ejemplo, en el Salmo 119, en el que se asigna una letra del alfabeto hebreo para iniciar cada verso. Otros Salmos acrósticos son el 9; 10; 25; 34; 37; 111; 112; 145; también Proverbios 31:1-31; Lamentaciones 1-4 y Nahúm 1:2-8.

Paralelismo. Este es el distintivo básico de la poesía hebrea. Reemplaza la rima produciendo una armonía interior, conceptual, más de pensamiento que de sonido exterior, que es lo que produce la rima. En el paralelismo se comparan o confrontan dos conceptos o ideas. Hay muchas formas de paralelismo. Veamos las más comunes:

Paralelismo sinónimo, que compara dos ideas semejantes o equivalentes. Un ejemplo es el Salmo 103:1 y 10.

Alaba, alma mía, al Señor, alabe todo mi ser su santo nombre. No nos trata conforme a nuestros pecados, ni nos paga según nuestras maldades.

Y en Lamentaciones 5:2:

Nuestra heredad ha caído en manos extrañas;
nuestro hogar, en manos de extranjeros.

Paralelismo antitético. En este caso las dos ideas se
contrastan u oponen.

Porque el Señor cuida el camino de los justos, mas
la senda de los malos lleva a la perdición. Salmo 1:6

Honroso es al hombre evitar la contienda, pero no
hay necio que no inicie pleito. Proverbios 20:3

No te des al sueño, o te quedarás pobre; mantén-
te despierto y tendrás pan de sobra. Proverbios 20:13.

El Salmo 30:5 es un buen ejemplo de paralelos antitéticos en serie de binomios contrastantes: enojo/bondad, un
instante/toda la vida, llanto/alegría, noche/mañana.

Porque sólo un instante dura su enojo, pero toda
una vida su bondad. Si por la noche hay llanto, por
la mañana habrá gritos de alegría.

Paralelismo sintético o constructivo. Es el que va
completando el pensamiento, apoyándose en el pensamiento o término anterior para describir el que sigue o ampliar o complementar el razonamiento con un nuevo pensamiento o idea. A veces se expresa en la forma más sencilla y simple, repitiendo términos, conceptos o palabras.
El Salmo 1:1 es un buen ejemplo:

Dichoso el hombre que no sigue el consejo de los
malvados, ni se detiene en la senda de los pecadores
ni cultiva la amistad de los blasfemos...

También el Salmo 123: 1-2:

*Hacia ti dirijo la mirada, hacia ti, cuyo trono está
en el cielo. Como dirigen los esclavos la mirada hacia la mano de su amo, como dirige la esclava la mirada hacia la mano de su ama, así dirigimos la
mirada al Señor nuestro Dios, hasta que nos muestre
compasión.*

El paralelismo antitético toma el nombre de **paralelismo progresivo** cuando la segunda línea poética amplía la
idea o pensamiento de la primera línea. A veces, para resal-
tar esta continuación amplificada del pensamiento, se repiten las palabras clave.

*El Señor está cerca de quienes lo invocan,
de quienes lo invocan en verdad.* Salmo 145:18.

Otros ejemplos son los Salmos 147:12-20; 150; 20:7,8.

Paralelismo emblemático. Combina dos formas de expresión: una más figurada o simbólica con una segunda
más concreta y literal.

*Como rodean las colinas a Jerusalén, así rodea el
Señor a su pueblo, desde ahora y para siempre.* Salmo 125:2

*Cual ciervo jadeante en busca del agua, así te bus-
ca, oh Dios, todo mi ser.* Salmo 42: 1.

**Paralelismo escalonado, muy parecido al progresi-
vo.** Los conceptos se van completando a través de la repe-
tición de una palabra de la frase anterior, en la frase siguiente y así sucesivamente. El Salmo 29 es un buen

ejemplo. Se repite la palabra «*tributen*» tres veces en los
versículos 1 y 2, para insistir en la idea de dar a Dios
reconocimiento.

> *Tributen al Señor, seres celestiales,*
> *tributen al Señor la gloria y el poder.*
> *Tributen al Señor la gloria que merece su nombre...*

En el versículo 3, la frase «*las aguas*» se repite para reforzar la idea al principio y al fin de la proposición:

> *La voz del Señor está sobre las aguas;*
> *resuena el trueno del Dios de la gloria;*
> *el Señor está sobre las aguas impetuosas.*

Y todo el salmo continúa utilizando esta figura paralela
que repite palabras para apoyar y completar la progresión
de ideas y conceptos en los versículos 10 y 11:

> *El Señor tiene su trono sobre las lluvias;*
> *el Señor reina para siempre.*
> *El Señor fortalece a su pueblo;*
> *el Señor bendice a su pueblo con la paz.*

Paralelismo introvertido. Es un poco más complicado.
Consta de cuatro o más versos que se combinan: el primero
con el cuarto y el segundo con el tercero. Se dan otras com-
binaciones cuando son más de cuatro versos. Ejemplo:
Salmo 30: 8-10.

Es innegable la importancia del paralelismo en la interpretación de la Biblia, especialmente cuando se trata de
textos poéticos. Los más importantes y comunes son los sinónimos y los antitéticos. El canto de María, conocido
como el *Magníficat* (Lucas 1:46-55), es un excelente

ejemplo de casi todas las clases de paralelismo. Los desafiamos a analizarlo aplicando las reglas que acabamos de dar.[16]

Textos sapienciales

Tres son los libros sapienciales por excelencia en el Antiguo Testamento: Job, Proverbios y Eclesiastés. Pero textos sapienciales tenemos en abundancia en todos los libros de la Biblia con muy pocas excepciones. Por ejemplo, en los Evangelios, el sermón del monte, las bienaventuranzas, las series de «ayes» y otros pasajes pueden considerarse trozos de literatura sapiencial. También participan del género sapiencial las parábolas, las máximas, los refranes y acertijos, que abundan en los dos Testamentos. El lenguaje sapiencial frecuentemente es de corte poético, lo que lo hace más atractivo y penetrante.[17]

Se le da el nombre de *sapiencial* a esta literatura, porque tiene que ver con el concepto general de sabiduría *(sapientia* en latín). Por eso es bueno clarificar este concepto. ¿Qué es en realidad *sabiduría?* Gordon D. Fee la define como «la disciplina de aplicar la verdad a la vida, a la luz de la experiencia»[18] Es, pues, una literatura que tiene que ver con la vida práctica, con el diario vivir, con el procedimiento humano en todas las circunstancias de la vida. Muchos han llamado a los libros sapienciales como «Los libros del buen vivir».

Hay, sin embargo, malos entendidos y malos usos de esta literatura. Enumeremos algunos:

[16] Puede verse un buen estudio sobre estas y otras clases de paralelismo en Lynell Zogbo y Ernst Wendland: *La poesía del Antiguo Testamento: pautas para su traducción.* Miami: Sociedades Bíblicas Unidas, 1989. pp. 24-44.

[17] Para el estudio de este género, véanse entre otros: Manuel de Tuya y José Salguero: *Introducción a la Biblia.* Vol. II. Madrid: Biblioteca de Autores Cristianos, 1968. pp. 22 SS.

[18] Gordon D. Fee y Douglas Stuart: *La Lectura eficaz de la Biblia.* Miami: Editorial Vida, 1985. p. 12

1. El primer error es utilizar estos libros parcialmente, perder de vista el mensaje global que nos presenta el autor inspirado. Con frecuencia se extractan enseñanzas sapienciales sacándolas de su contexto, lo que causa que se apliquen mal. Por ejemplo, cuando el libro del Eclesiastés habla de que hay «un tiempo para nacer, y un tiempo para morir» (3:2), se está refiriendo a una enseñanza extrabíblica de la filosofía *cínica*, que afirmaba que nada importaba la vida, ni cuán buena o mala fuera, porque de todos modos a todos nos va a llegar la «hora de morir». El autor del Eclesiastés combate esta enseñanza; y no es como muchos intérpretes dicen, que este versículo enseña que Dios es dueño de vida o muerte, y podemos contar con su protección. Esto es verdad, y hay otros textos en la Biblia que hablan de ello; pero esta no es precisamente la enseñanza del texto de Eclesiastés dentro de su contexto original.

2. Un segundo mal uso de los textos sapienciales es confundir el significado o sentido de los términos o palabras. Tomemos, por ejemplo, el texto de Proverbios 14:7: «Manténte a distancia del necio, pues en sus labios no hallarás conocimiento». «Necio» significa en este contexto «infiel», y define a un incrédulo que vive según sus principios egoístas rechazando toda autoridad. Los dos verbos significan una acción deliberada con propósito, que es el que indica precisamente la sabiduría de la acción: «manténte a la distancia» y «hallar (o no hallar) conocimiento». En otros términos, lo que el proverbio nos dice es: «no busques conocimiento y orientación en un infiel».

3. Cuando se presenta un argumento de carácter sapiencial, debe seguirse cuidadosamente su curso y ver quién dice qué. Por ejemplo, en Job 15:20 encontramos esta frase: «El impío se ve atormentado toda su vida, el desalmado tiene sus años contados». Aparentemente, este sería un principio aceptable. Sin embargo, no lo fue para Job, quien rebatió a Elifaz, supuesto «amigo consolador» en su desgracia, que quería convencerlo de que el origen de su sufrimiento era su maldad. Más adelante Dios mismo se encargará de justificar y apoyar a Job y condenar a Elifaz. Para comprender, pues, la verdad de cada expresión sapiencial, hay que tomarla dentro de todo el pasaje y todo el contexto en que fue expresada.

¿Qué es ser sabio y quién es sabio?

Si la sabiduría consiste en aplicar la verdad a la vida, según nos lo va enseñando la experiencia, la sabiduría tiene un toque eminentemente personal. No es nada teórico y abstracto; es algo que se da solamente cuando una persona piensa y actúa según la verdad, comprobada por su propia experiencia. Por eso en el Antiguo Testamento al «sabio» se le identifica con la palabra *hakam*, que define a una persona práctica, alguien que formula planes para obtener resultados, buenos resultados. La meta del *hakam* era ser responsable y dedicado para tener éxito en la vida. Por eso encontramos «sabios» en todas las profesiones y empresas: Bazaleel, el arquitecto encargado del trabajo artístico del santuario, fue llenado «de sabiduría, inteligencia y capacidad creativa» por el Espíritu de Dios (Éxodo 31:3). Esta misma sabiduría se atribuye a los remeros, timoneles y marineros de Tiro y Sidón (Ezequiel 27:8-9). Ni qué decir de los dirigentes del pueblo. Todos tenían que mostrar una dosis alta de sabiduría para ejercer sus funciones: Josué (Deuteronomio 34:9); David (2 Samuel 14:20), Salomón (1 Reyes 3:9) y muchos más. Su sabiduría se manifestaba como un don de Dios para gobernar recta, justa y exitosamente.

La sabiduría se centra en el corazón.

El corazón en el Antiguo Testamento representa el punto focal de la sabiduría (1 Reyes 3:9-12). Y es el centro de la vida; en él residen las facultades intelectuales, volitivas y morales. Es el centro de las emociones y decisiones. Por eso debemos reafirmar que la sabiduría es un asunto personal; se centra en la persona y en su comportamiento y se encarna y revela en la forma de pensar y proceder para llegar al éxito, a la realización plena de los propósitos en la vida. Por eso, más que en textos, discursos o lecciones teóricas, se aprende con la experiencia de cada instante, de cada día. Hay, sin embargo, un limitante en esta búsqueda del éxito: querer hacerlo sólo para ventaja propia o ante sus propios ojos. Nada más lejos de la sabiduría. «¡Ay de los que se consideran sabios, de los que se creen inteligentes!» (Isaías 5:21). Además, la sabiduría nunca se puede alcanzar lejos de Dios porque la sabiduría divina excede a toda sabiduría humana.

El Señor dice:

> Este pueblo me alaba con la boca y me honra con los labios, pero su corazón está lejos de mí.
> Su adoración no es más que un mandato enseñado por los hombres.
> Por eso, una vez más asombraré a este pueblo con prodigios maravillosos; perecerá la sabiduría de sus sabios, y se esfumará la inteligencia de sus inteligentes (Isaías. 29:13-14).

Algunas orientaciones para las interpretaciones de textos sapienciales

Veamos algunas pistas hermenéuticas para lograr la mejor interpretación de los textos sapienciales, según la forma en que aparecen en diversos libros de la Biblia

Libro de los Proverbios

Definición: Este libro está constituido por una selección o colección de dichos, máximas, alegorías, acertijos y enigmas que se conocen en la literatura hebrea con el nombre de mashal (símil o comparación).[19]

Autor: Como ocurre con otros libros del género sapiencial, utilizando el mecanismo literario de la pseudonimia que ya hemos explicado, el libro de los Proverbios se le atribuye a Salomón. El mismo libro, sin embargo, hace alusión a otros autores: Ezequías (25:1- 29:27); Agur (capítulo 30), Lemuel (capítulo 31).

Propósito: El mismo libro lo describe:

> ...*para adquirir sabiduría y disciplina; para discernir palabras de inteligencia; para recibir la corrección que dan la prudencia, la rectitud, la justicia y la equidad; para infundir sagacidad en los inexpertos, conocimiento y discreción en los jóvenes* (1: 2-4).

Este propósito múltiple se comprueba en el rico contenido de sentido común y sabiduría popular muy práctica, que será la que padres y preceptores utilizarán en el hogar, en la sinagoga o lugar de culto y en la vida social ordinaria para educar a las nuevas generaciones.

Contenido: Es rico y variado y va desde discursos y dichos del gran rey en los primeros 22 capítulos hasta consejos de Agur, Lemuel y la loa de la mujer sabia, en el resto del libro. La estructura poética del texto es variada. Tenemos desde oráculos en forma de premoniciones o advertencias, hasta cortos consejos en forma de versos dísticos

---

[19] José M. Martínez: *Op. cit.* p. 343.

(ejemplos 24:17, 18, 24-26); o estrofas un poco más exten-
sas de varios versos (ejemplos 2: 1-5; 30: 2-4; 30: 15-17).
La figura retórica del paralelismo campea en todo el escrito en su doble forma sinónima o antónima.

Orientaciones exegéticas y hermenéuticas

1. Es importante distinguir claramente cuando el lenguaje
es literal o figurado. Si es figurado, debe determinarse qué
clase de figura literaria usa el autor: símil, metáfora, comparación, alegoría, retruécano, etc. A veces las comparaciones
son implícitas o no aparecen tan claras en el texto. Una buena traducción suple esta deficiencia. Compárese, por ejemplo, la traducción de 26:8 en varias versiones tradicionales
con la que hace la Nueva Versión Internacional:

> *Rendirle honores al necio es tan absurdo como*
> *atar una piedra a la honda.*

2. Como ocurre en toda la Biblia, considerar el contexto
es esencial, aunque encontraremos muchos proverbios
que, en sí mismos, son tan completos que no necesitamos
conectarnos a otros pasajes para descubrir su significado.

3. Concentrarse primero en la correlación de pasajes
dentro del mismo libro de los Proverbios antes de acudir a
otros libros en la Biblia. Los paralelismos de diverso orden
nos ayudarán muchísimo a descubrir el pleno significado
de cada versículo o grupo de versículos.

4. Tener mucho cuidado en no tomar o exponer cada
proverbio, verdad, mandamiento o consejo derivados del
libro como si fueran todos nuevas leyes o mandatos abso-
lutos que se deben agregar a los ya conocidos diez mandamientos de la Ley de Dios. Aunque algunos proverbios
pueden tener un alcance más amplio y universal, muchos

pueden ser ocasionales: consejos prácticos de aplicación voluntaria cuya desobediencia no necesariamente acarrea falta o pecado. Se deben, pues, evitar «generalizaciones erróneas».[20]

Libro de Job

Es un libro de gran vuelo poético y de un grandioso contenido humano y destacada majestad y belleza literaria. Básicamente plantea el problema del sufrimiento y de la retribución. Su composición y estructura es sencilla: un prólogo en prosa (capítulos 1 y 2); unos diálogos o discursos en forma poética de Job y sus amigos (3:1 - 42: 6); y un epílogo, en prosa (42: 7-17). El tema fundamental está tratado en la parte poética. El escenario de todo el drama es «patriarcal», muy anterior a la época histórica del mismo Israel; por eso el diálogo con Dios es familiar y sencillo y las formas de culto son primitivas, cuando las instituciones de Israel todavía no se habían constituido.

El planteamiento del libro es eminentemente teológico y trata de dilucidar la gran pregunta: «¿por qué debe sufrir el justo?». El libro no da respuesta definitiva; sólo se contenta con señalar que muchas cosas se pierden en el «misterio de los designios inescrutables del Altísimo». No se puede interpretar correctamente el libro si no se parte del principio de que el hombre es inadecuado para comprender todos los misterios que encarnan los designios divinos. Y las especulaciones humanas y todos sus razonamientos nunca serán suficientes para aclarar los grandes interrogantes de la vida.[21]

---

[20] José M. Martínez: *Op. cit.* p. 346.

[21] Más sobre el contenido y propósito del libro de Job, en Víctor Morla Asensio: *Libros sapienciales y otros escritos*. Estella (Navarra): Editorial Verbo Divino, 1994, pp. 157-166.

Orientaciones hermenéuticas

1. Job es un ejemplo acabado de literatura poética-profética, rica en el uso de recursos retóricos de todo orden: comparaciones, metáforas y símiles, paralelismos, contrastes e ironías. Es tan atrevido en el uso de figuras penetrantes en su sentido que a veces desconciertan, como: «la piel de mis dientes» de 19: 20, que literalmente podría traducirse como «he escapado con la piel de mis dientes»; y que versiones modernas como la NVI traducen con mayor sentido como «la piel y la carne se me pegan a los huesos». Lo mismo podría decirse de expresiones metafóricas como «las puertas de su rostro» (41:14) o «los párpados del alba» (41:18), que la NVI traduce «el abismo de sus fauces» y «los rayos de la aurora».

2. Al analizar los planteamientos de los diferentes personajes y sus discursos debe partirse de su propia teología, sin atribuirle al libro o a la misma Biblia sus ideas. Aunque elocuentes y comprensivos, dicen cosas inadmisibles y cometen muchos errores.

3. Tener cuidado en no hacer una exégesis exagerada basada en una hermenéutica neo-testamentaria, desencajando el libro de su contexto histórico, teológico y literario. Por ejemplo, la frase «Yo sé que mi redentor vive, y que al final triunfará sobre la muerte» (19:25) no necesariamente se refiere a Cristo ni a su mediación redentora, tal como lo aprenderemos siglos después en el Nuevo Testamento.[22]

4. No tratar de superar el contenido teológico o filosófico del libro insertándole ideas de sistemas filosóficos

---

[22] Un más amplio estudio del libro de Job desde una perspectiva cristiana, en David J. A. Clines, *Word Biblical Commentary Vol 17, Job,* Dallas: Word Books, Publishers, 1989. *A Christian Reading* pp. liv-lv,i.

ajenos a su autor. En otras palabras, debemos contentarnos con interpretar el libro en sí mismo sin pretender ver representados en él ideas de sistemas posteriores, que fueron totalmente desconocidos por el autor de Job.

Libro del Eclesiastés

Su nombre viene del griego ekklesiastes, que a su vez se deriva del hebreo qoelet, más o menos equivalente a «presidente», el que preside una comunidad, o «predicador», quien se sienta a hablar en la asamblea. Aunque se le atribuye a Salomón, es difícil que el sabio rey fuera realmente su autor directo. Más bien podemos descubrir en el libro una variedad de autores, aunque su contenido tiene unidad y coherencia.[23]

El autor o los autores nos transmiten sus experiencias en diversas situaciones reales de la vida en un estilo ágil, que usa tanto la prosa como la poesía. Son innumerables los temas tratados. Estos son apenas algunos ejemplos: la vanidad de la sabiduría y ciencia humanas, la verdadera sabiduría, el elogio al trabajo, la impiedad y sus consecuencias, la injusticia y la justicia, la muerte, los desórdenes sociales, las riquezas y su futilidad. Muchos ven este libro como una muestra del escepticismo irónico; pero la verdad es muy diferente. Más bien nos da una imagen de realismo, animado por la presencia de la revelación divina.

Claves interpretativas

1. Antes de empeñarse en desentrañar el sentido del texto de este libro, hay que tener bien claro el enfoque que su autor da a los fenómenos básicos de la experiencia humana: la vida y la muerte. Quizás la mejor clave para descubrir este enfoque lo tenemos en la expresión «debajo del

---

[23] Víctor Morla Asensio. *Op. cit.* p1881.

sol», que se repite treinta veces en el libro. La visión del
Eclesiastés es humana y terrena. No se trata de una visión
sobrenatural; sus fuentes de conocimiento son los sentidos
y su razón; su reflexión es la de un hombre con los pies en
la tierra que experimenta la futilidad y transitoriedad de las
cosas. Esta experiencia lo lleva a formular juicios teñidos
de irónico realismo en los que están incluidos el misterio y
la voluntad de Dios:[24]

> *Cuando te vengan buenos tiempos, disfrútalos;*
> *pero cuando te lleguen los malos, piensa que unos y*
> *otros son obra de Dios, y que el hombre nunca sabe*
> *con qué habrá de encontrarse después* (7:14).

2. El exegeta o estudioso del Eclesiastés debe entender
este planteamiento inicial para captar su mensaje, que es
bastante único y original y puede alejarse del enfoque del
resto de la Biblia. Es, por ejemplo, interesante ver cómo se
plantea la muerte, en la que no se ve mucha diferencia si es
la de un ser humano o la de un simple animal:[25]

Los hombres terminan igual que los animales; el destino
de ambos es el mismo, pues unos y otros mueren por igual,
y el aliento de vida es el mismo para todos, así que el hombre no es superior a los animales. Realmente, todo es ab-
surdo, y todo va hacia el mismo lugar. «Todo surgió del
polvo, y al polvo todo volverá» (3:19-20).

3. Para entender mejor estos planteamientos, debemos
distinguir entre las afirmaciones del hombre común y las
del Predicador (Qohelet). El primero es todo el que pisa la
tierra y «vive bajo el sol», aquel que juzga lo que ve y ve

---

24 Roland Murphy: *Ecclesiastes, Word Biblical Commentary* Vol 23 A. Dallas: Word
Books, Publishers, 1992, pp. lvi-lvx.

25 José M. Martínez: *Op. cit.* pp. 350-351.

sólo lo que sus sentidos y su razón le enseñan. Pero el Predicador supera este plano y tiene el conocimiento superior que le da la revelación. Este último descubre que:

> *Volverá entonces el polvo a la tierra, como antes fue, y el espíritu volverá a Dios, que es quien lo dio* (12:7).

4. Parecido planteamiento debe emplearse para interpretar otros temas frente a los cuales la mente humana se siente inadecuada y desconcertada. Sin una luz superior, todo se vuelve un misterio. Es cuando la Palabra y la divina revelación llegan en auxilio de la mente inquieta y extraviada. Se descubre entonces al Ser superior que da las respuestas y promueve el bien de sus criaturas:

> *¡Anda, come tu pan con alegría! ¡Bebe tu vino con buen ánimo, que Dios ya se ha agradado de tus obras!* (9:7).

5. Quien busca argumentos para el pesimismo o el desánimo en el Eclesiastés, se lleva un chasco. Más bien deben buscarse argumentos para el optimismo y la esperanza. Su sabiduría es práctica y promueve una vida de equilibrio emocional, moral y espiritual. Dios está al fin como último argumento y respuesta frente a las frustraciones y contrasentidos de la vida.[26]

6. Estas son las claves para interpretar correctamente este libro y sacar lo mejor de sus dichos y aforismos, que contienen la sabiduría práctica para vivir bien aquí y ahora, y en la eternidad.

---

26 Roland Murphy: *Op. cit.* p. p. lxviii

*Alégrate, joven, en tu juventud; deja que tu cora-
zón disfrute de la adolescencia. Sigue los impulsos
de tu corazón y responde al estímulo de tus ojos,
pero toma en cuenta que Dios te juzgará por todo
esto* (11:9).

Capítulo V

El sentido
típico
de la
Escritura

El sentido típico de la Escritura

Definición

Tipos (del griego *typos*) son figuras o modelos que a manera de emblemas representan a otros objetos o personas mística o espiritualmente. Ordinariamente se emplean solo en el mundo religioso. En la Biblia los tipos representan a Jesucristo. Isaac, por ejemplo, se considera como un tipo del Salvador, que se entregó a sí mismo al sacrificio.[1]

Pablo menciona en su carta a los Romanos (5:14) que Adán es un tipo de Cristo, quien es el «nuevo Adán» y representa a toda la humanidad; y en 1 Corintios 10:5 hace de la peregrinación del pueblo de Dios en el desierto un tipo de la vida cristiana. Los capítulos 25 al 40 del libro de Éxodo comparan el tabernáculo con el cielo, convirtiéndolo en un *tipo* o modelo del mismo. Hechos 7:44 cita a Éxodo 25:40 para establecer que: (a) el tabernáculo nace de una orden directa de Dios; y (b) que por encima de él está el *tipo* del lugar donde Dios se ofrece a sí mismo en la nueva era de salvación. Hebreos 8:5 también lo cita relacionándolo con Jesucristo y su obra redentora como el Sumo

---

[1] Un estudio amplio del término y su uso en la Biblia puede verse en Gerhard Kittel, Gerhard Friedrich y Geoffrey W. Bromley: *Compendio del diccionario teológico*. Grand Rapids: Libros Desafío, 2002. pp. 1176-1178.

Sacerdote, que entra al santo de los santos de la gloria (Mateo 26:61).

Encontramos usos del tipo en otros campos distintos a la teología o la religión, como por ejemplo, en la medicina, la filosofía y el arte. En todos los casos la idea fundamental es la misma aunque el sujeto a quien se aplica cambie: cierta semejanza real debe darse fundamentalmente entre el tipo y a quien representa. En el campo religioso y teológico de las Sagradas Escrituras, la tipología en general y cada uno de los tipos en particular se basan en el preordenamiento u ordenamiento previo de una relación representativa que ciertas personas, eventos, e instituciones del Antiguo Testamento tienen con personas, eventos o instituciones del Nuevo Testamento.[2] De acuerdo con esta definición, el tipo es siempre real; no es ficción o símbolo.

Tipos y símbolos

Los **símbolos** se asemejan a los **tipos** en su carácter de ser emblemas o figuras. Pero difieren en su método y diseño. Algunos ejemplos nos harán comprender la diferencia: José, el hijo de Jacob, vendido por sus hermanos, es un **tipo** de Jesucristo en su vida y carácter; pero el arco iris es un **símbolo** de la alianza y promesa de misericordia y fidelidad de Dios para con su pueblo (Génesis 9:13-16; Ezequiel 1:28; Apocalipsis 4:3; Isaías 54:8-10). El pan y el vino en el sacramento de la Santa Cena son **símbolos** del cuerpo y la sangre de Cristo. Pero el paso del mar Rojo es un evento **típico** (1 Corintios 10:1-11). Tenemos acciones típico-simbólicas como la del profeta Ahías de rasgar su manto nuevo en doce pedazos delante del rey Jeroboán para indicar la división del reino (1 Reyes 11:29-31). Hay,

---

[2] Muensher, Joseph: *On Types and the Typical Interpretation of Scriptures*, Article in the Americas Biblical Repository. Enero 1841.

pues, elementos comunes al tipo y al símbolo. Y en ciertos casos los dos se unen. El mundo de los símbolos, sin embargo, es más nutrido y abundante. La Escritura nos presenta metales, animales, colores, números y nombres simbólicos.

Una de las principales diferencias entre el símbolo y el tipo radica en que el símbolo puede representar algo del pasado, del presente o del futuro, mientras que el tipo siempre prefigura algo o a alguien futuro a sí mismo. Este algo o alguien puede ser una persona, una institución, un evento o acción; algo o alguien que va a venir. Lo prefigurado por el **tipo** se llama **antitipo.** El **símbolo** no tiene una referencia especial a tiempo; está diseñado para representar más bien cierto carácter o cualidad, como cuando un cuerno representa fuerza o fortaleza o a un rey con estas cualidades (Daniel 7:24; 8:21). Los jeroglíficos, tan comunes en la antigüedad especialmente en Egipto, son de la misma naturaleza de los símbolos. Lo mismo podríamos decir de las pinturas primitivas como las rupestres y otras que nos dejaron ideas, sentimientos y pensamientos en forma de figuras de animales y otros objetos de la naturaleza.[3]

Elementos esenciales del tipo

Tres son los elementos esenciales para que una persona o evento sea un tipo de otra.

1. *Deben darse claras similitudes entre ambos: tipo y antitipo.* Sin embargo, esto no descarta la posibilidad de que haya también disimilitudes. En realidad, es tan esencial que haya analogías como que se presenten disimilitudes y diferencias. A veces el tipo se basa en una sola

---

[3] Milton S. Terry, *A Treatise on the Interpretation of the Old and New Testament.* Grand Rapids: Zondervan Publishing House, pp.334-35.

semejanza. Por ejemplo, hemos dicho que Adán es un tipo de Cristo, pero sólo en su calidad de cabeza de la raza humana, como representante de la humanidad. Pablo, que es quien resalta esta tipología de Adán en Romanos 5:14-19 y 1 Corintios 15: 45-49, encuentra más diferencias que semejanzas entre ambos. Por lo general encontramos rasgos de mayor nobleza y valor en el antitipo que en el tipo. La carta a los Hebreos resalta este aspecto de comparación entre el tipo y el antitipo cuando habla de Jesús y Moisés: *«De hecho, Jesús ha sido estimado digno de mayor honor que Moisés, así como el constructor de una casa recibe mayor honor que la casa misma»* (Hebreos 3:3).

2. *Debemos tener algún indicio de que el tipo ha sido designado por Dios para representar el objeto o persona tipificado.* Todos los expertos en tipología bíblica aceptan este principio casi unánimemente. «El tipo no sólo debe representar al antitipo, sino que debe haber sido asignado para representarlo».[4] Pero al admitir como válido este principio, no necesariamente se entiende que la designación de todos los tipos aparecen expresamente afirmados en las Escrituras, aunque podemos colegirlo por la forma como se presentan.

3. *El tipo debe prefigurar algo o alguien del futuro.* Como dice el apóstol, los tipos o realidades que se ajustan a este propósito deben servir en la economía divina como sombras de las cosas que están por venir. (Colosenses 2: 17; Hebreos 10: 1). La tipología sagrada constituye, pues, una forma de la revelación profética. Personajes y acciones del Antiguo Testamento se dieron como anticipos y preparación del Nuevo, y contienen muchas cosas en

---

[4] Herbert Marsh, *Lectures on the Criticism, and Interpretation of the Bible*, 1838 and 1842, citado por Milton S. Terry: *Biblical Hermeneutics*.

germen que van a florecer con la luz del Evangelio de Jesucristo. Como dice Pablo: «La ley vino a ser nuestro guía encargado de conducirnos a Cristo, para que fuéramos justificados por la fe. Pero ahora que ha llegado la fe, ya no estamos sujetos al guía» (Gálatas 3:24). Personajes, oficios, instituciones y eventos del Antiguo Testamento fueron como alumbramientos tempranos y anticipados de realidades correspondientes en la Iglesia y el Reino de Cristo.[5]

El sentido típico

El sentido típico es más profundo que el sentido literal, y se diferencia del mismo y del sentido pleno en que no se basa en las palabras en sí sino en su significación. Al igual que el sentido pleno, se puede discernir sólo a través de una nueva revelación o de un mejor entendimiento de las Escrituras y su contenido. Estas son algunas características especiales de este sentido:

a) *Hay muchas realidades (personas, cosas, acontecimientos, acciones, instituciones, oficios) que sirven de tipos.*

En la categoría de «cosas tipos» podríamos mencionar el maná, tipo de alimento espiritual, como pueden serlo el pan y el vino en la Cena del Señor, y la misma Palabra de Dios, que nos alimenta. La serpiente levantada en el desierto es tipo de Cristo crucificado. En la categoría de personas ya hemos mencionado a Adán, tipo de Cristo, el nuevo Adán; Abel, Melquisedec, Moisés, David y Jeremías son todos tipos de Cristo. Entre los animales, el más conocido y usado es el cordero pascual (véase 1 Co. 5:7; 1 P. 1:19). Acontecimientos-tipo: el éxodo o salida del cautiverio egipcio, tipo de la salvación que nos libera de la esclavitud del pecado. Jonás

---

[5] Milton S. Terry, *Op. cit.* pp 337-338.

en el vientre del enorme pez es tipo de Cristo en el sepulcro (Mateo 12:40).

b) *Los tipos deben estar consignados en las Escrituras para que sean válidos y admitidos como parte de la revelación divina.*

No podemos, pues, andar inventando tipos. Es posible que el escritor sagrado, como en el sentido pleno, no caiga en cuenta del «antitipo» al que se refiere el tipo que nos trasmite en su escrito; pero en los planes de Dios, David era tipo de Cristo, aun antes de que a algún autor se le ocurriera escribir sobre él. En este caso es más importante la proyección reveladora y literaria dada por Dios al tipo, que la misma realidad histórica del tipo que, en este caso, es la persona del rey David. Melquisedec fue un desconocido; solo se menciona su nombre y oficio un par de veces en el Antiguo Testamento (Génesis 14:17-20; Salmo 110: 4) y luego desparece del panorama bíblico hasta que, a finales del siglo I d.C., el autor de la carta a los Hebreos lo redescubriera como tipo de Cristo sacerdote con un sacerdocio no hereditario o institucional, sino un sacerdocio directamente dado por Dios a este misterioso personaje que luego hereda Cristo como Sumo Sacerdote. (Véase Hebreos 7:3)

c) *Ya hemos dicho que los tipos prefiguran el futuro.*

El tipo y el antitipo se sitúan en dos niveles temporales distintos; y solo se descubre el tipo cuando aparece el antitipo. Nadie sabía que Abel, Moisés o José eran tipos de Jesús hasta que apareció en la historia Jesús mismo. Por eso hemos afirmado que el sentido típico se asemeja mucho al sentido pleno, ya que el descubrimiento de los tipos son fruto de un desarrollo posterior de la revelación. Y es la acción reveladora de Dios la que intencionalmente nos manifiesta, como un nuevo contenido de la misma, la característica de tipos en los acontecimientos, cosas o personajes bíblicos previamente revelados. El descubrimiento de los tipos en la Escritura es, pues, una revelación complementaria dentro de la misma Escritura. Así han sido detectados muchos de los tipos en el Nuevo Testamento o en el estudio profundizado, al compararse ambos Testamentos.

Diferentes categorías de tipos

Ya hemos mencionado que existen por lo menos cinco categorías de tipos: personas, instituciones, oficios, eventos o acontecimientos y acciones. Veamos algunos ejemplos de cada uno de estos.

1. **Personajes-tipo.** Esta tipología se basa no en las personas en sí mismas sino en ciertas características que las asemejan al antitipo. Adán se diferencia de Cristo en todo menos en lo que lo hace tipo del Redentor: el ser el primer hombre, representante de toda la humanidad. Pablo lo presenta así:

> *Porque así como por la desobediencia de uno solo muchos fueron constituidos pecadores, también por la obediencia de uno solo muchos serán constituidos justos.* (Romanos 5:19)

> *El primer hombre, Adán se convirtió en un ser viviente; el último Adán, en el Espíritu que da vida.*
> (1 Corintios 15:45)

Enoc puede así mismo considerarse como un tipo de Cristo por haber brindado luz y santidad al mundo oscuro y pervertido antidiluviano. Elías tipifica al Señor que se eleva a los cielos. Pero es a la vez, en su función profética, tipo de Juan el Bautista. Abraham es tipo de todos los creyentes justificados por la fe y no por las obras de la ley (Romanos 3:28).

2. **Instituciones-tipo.** Los sacrificios de la antigua ley, como el sacrificio del cordero en la fiesta de la Pascua, es tipo del sacrificio de Cristo en la cruz «ofrecido una vez para quitar los pecados del mundo» (Hebreos 9:28). (Véanse Levítico 17:11 y 1 Pedro 1:19). El *sabbat*, como día de reposo, es tipo del descanso eterno que les espera a todos los creyentes (Hebreos 4:9). Las ciudades de refugio donde los perseguidos escapaban del castigo de muerte (Números 35:9-34) fueron tipos del Evangelio que nos salva de la muerte.

3. **Oficios-tipo.** Cada profeta enviado por Dios, como trasmisor de su mensaje, fue un tipo de Jesucristo. En su calidad de profeta, Moisés fue tipo de Cristo (Deuteronomio 18:15). Los sumos sacerdotes, en el ejercicio de sus funciones sacerdotales, fueron tipos de Cristo, quien a través de su sangre tuvo acceso a los lugares sagrados y una vez por todas obtuvo la redención (Hebreos 4:14; 9:12). Cristo es así mismo el antitipo de Melquisedec, que fue rey de justicia y príncipe de paz (Hebreos 7:2). David y Salomón, en sus oficios de reyes, y todos a los que Dios dijo: «He establecido a mi rey sobre Sión, mi santo monte» (Salmo 2:6), son tipos del Mesías. Vemos entonces que Cristo reúne en una sola persona los títulos y oficios de profeta, sacerdote y rey, y es representado en estos oficios por profetas, sacerdotes y reyes del Antiguo Testamento.

4. **Eventos-tipo.** Son muchos los eventos del Antiguo Testamento que tipifican realidades del Nuevo. Mencionemos el diluvio, la salida de Egipto, el maná en el desierto, el agua milagrosa que brota de la peña, la erección de la serpiente de bronce, la conquista de Canaán, el exilio en Babilonia y el regreso del exilio. De todos estos eventos Pablo afirma que «todo eso les sucedió para servir de

ejemplo, y quedó escrito para advertencia nuestra, pues a nosotros nos ha llegado el fin de los tiempos» (1 Corintios 10:11).

5. **Acciones-típicas.** Estas caen más en la categoría de símbolos o acciones simbólicas que deben estudiarse aparte. Digamos que todo acto o acción de la vieja economía de la Ley en el Antiguo Testamento, que representa a un actor o acción de la nueva economía de la gracia inaugurada por Cristo en el Nuevo Testamento, puede considerarse como «típica». De hecho pertenecen a la categoría cuatro (4), que hemos designado como **eventos-tipo.** Estas acciones son **signos** de valores permanentes que ahora reconocemos y vivimos en el presente. Como dice Jesús:

> *¡Esta generación malvada y adúltera pide una señal milagrosa! Pero no se le dará más señal que la del profeta Jonás. Porque así como tres días y tres noches estuvo Jonás en el vientre de un gran pez, también tres días y tres noches estará el Hijo del hombre en las entrañas de la tierra* (Mateo 12:39).

Las acciones-tipo son precisamente esto: señales y signos que viniendo del pasado representan la intervención o el mensaje de Dios para las generaciones presentes. Estos son algunos ejemplos: Isaías camina desnudo y descalzo por tres años (Isaías 20:2-4); Jeremías compra un cinturón por orden del Señor y lo esconde en una grieta cerca a Perat (Jeremías 13:1-11); Jeremías debe fabricar una nueva vasija en casa del alfarero porque la primera se le desliza de las manos y se quiebra (Jeremías 18:1-6); el mismo profeta rompe un cántaro de barro delante de los ancianos del pueblo en el valle de Ben Hinón, como símbolo de lo que hará Dios con su pueblo infiel (Jeremías capítulo 19); o se coloca un yugo en el cuello como signo delante de las naciones (Jeremías 27:1-14). El ladrillo con el dibujo de la ciudad de Jerusalén que Ezequiel coloca delante de sí, (Ezequiel 4) es otra acción-tipo como también el cortarse el cabello y la barba y pesarlo por porciones (Ezequiel 5); las acciones de remover el equipaje, comer y beber, poseído por el miedo (Ezequiel 12:3-20); las extrañas acciones a la muerte de su esposa (Ezequiel 24: 25-27); el matrimonio de Oseas con una prostituta de quien tiene hijos (Oseas 1) y Zacarías, que hace coronas de oro y plata para la cabeza de Josué (Zacarías 6: 9-15). Todas pueden considerarse acciones-tipos.

División del sentido tipológico

Las diferentes clases de tipos crean los diferentes sentidos tipológicos, a saber:

1. En razón de la materia en la que se basa la tipología

a) **Real:** si el tipo es una cosa. Por ejemplo, el arca de Noé como tipo de la Iglesia; el cordero pascual como tipo de Cristo inmolado en la cruz.

b) **Fáctico o de hechos:** si el tipo es un hecho o acontecimiento histórico. Por ejemplo, el paso del mar Rojo y la liberación de Egipto, tipo de la liberación del creyente y de su ingreso en la salvación a través de la fe en Cristo simbolizada por el bautismo.

c) **Personal:** si el tipo es un personaje, como por ejemplo, Adán que según Pablo, tipifica a Cristo como segundo Adán.

d) **Institucional:** si el tipo es una institución o algo establecido como tal. Por ejemplo, los sacrificios de la antigua Ley que tipifican el sacrificio de Cristo en la Cruz.

2. Por razón del contenido o enseñanza

a) **Alegórico:** si el tipo representa una idea, una enseñanza o una doctrina. Por ejemplo, Éxodo 12:5 habla de un cordero «sin mancha o defecto»; los autores del Nuevo Testamento lo aplican a Jesús, que «no conoció pecado» (2 Corintios 5:21; 1 Pedro 2:22).

b) **Tropológico:** si se trata de enseñanzas morales o de ética. En el mismo pasaje de Éxodo 12: 8 se prescribe para la Pascua judía comer carne asada al fuego acompañada de hierbas amargas y *pan sin levadura*. Este último elemento del «pan sin levadura» lo utiliza Pablo en 1 Corintios 5:6-8 para indicar la situación del creyente en Cristo, purificado de «fermentos pecaminosos».

c) **Anagógico:** si el tipo representa verdades escatológicas, es decir, que se refieren a los últimos tiempos. Hebreos 8:5 y ss. cita Éxodo 25:40 y lo relaciona directamente con la obra salvífica de Jesús. Como verdadero Sumo Sacerdote, Cristo entra en el santo de los santos del cielo llevando su propia sangre. El santuario terrenal corresponde a la primera alianza; el ministerio análogo es el santuario celestial, en una metáfora tomada de la historia de la salvación, que relaciona la intercesión con la actualización de la salvación escatológica.[6]

3. Por razón de la forma como el tipo representa al antitipo

a. **Propio:** si las palabras que designan tanto al tipo como al antitipo se toman en sentido propio, no figurado. Por ejemplo, Éxodo 12:46 habla de «no quebrarle ni un hueso al animal sacrificado». Este animal es tipo de Jesucristo a quien, según Juan 19:36, no le quebrantaron las piernas, como solía hacerse con los condenados a muerte de cruz.

---

[6] Véase Gerhard Kitel y otros *Op. cit.* pp. 1177-1178.

b. **Metafórico:** si las palabras se toman en este sentido figurado, no propio. Por ejemplo, el Salmo 118:22 habla de «la piedra que desecharon los constructores [que] ha llegado a ser la piedra angular». Mateo, Marcos, Lucas y Pedro aplican este tipo de la piedra angular a Cristo. (Véanse Mateo 21:42; Marcos 13: 2; Lucas 21: 6 y 1 Pedro 2:7)[7]

Algunas orientaciones para el uso del sentido tipológico

1. El sentido tipológico debe apoyarse siempre en el sentido literal. De no ser así quedaría en el aire. Pero una vez determinado que existe, el sentido tipológico es tan genuino y bíblico como el mismo sentido literal. En efecto, podemos afirmar con Juan Daniel Petrino que el Señor corrobora e ilumina sus misterios mediante las "figuras" y "tipos", permitiéndonos admirar la belleza y profundidad de su revelación y la armonía admirable de su plan redentor».[8] Los tipos bíblicos tienen la función de darnos a conocer de un modo más profundo y perfecto las realidades que nos enseña el sentido literal.

2. El sentido tipológico no es solo bíblico, sino que forma parte de la estrategia intencional de la revelación divina. Es más, este sentido es más propio de Dios que del mismo autor sagrado. Los autores, de hecho, no conocen el sentido tipológico a no ser por una especial revelación divina.

Corresponde al intérprete exponer el sentido tipológico del texto de la misma forma en que expone el sentido literal del mismo, mientras esté seguro de que este sentido fue dado por Dios. Para realizar esta función interpretativa, la misma Escritura le ayuda, como lo hemos visto en casi todos los ejemplos que hemos dado de tipos del Antiguo Testamento que tienen sus correspondientes antitipos en el

---

[7] Juan Daniel Petrino, *Dios nos habla,* Lima: Editorial Claretiana, 1993, p. 257.

[8] Ibid p.259.

Nuevo. El trabajo de correlación de los dos Testamentos y de unos libros con otros de la Biblia juega aquí un papel muy importante.

3. Un elemento clave en el hallazgo e interpretación del sentido típico es lo que llamamos analogía o semejanza del tipo con su correspondiente antitipo. Entre los dos deben existir elementos reales análogos que emparenten el tipo con su antitipo. Por ejemplo, Adán con Jesús, ambos representan al género humano; José perseguido, vendido y entregado por sus hermanos, con Cristo en su pasión; Jonás en el vientre del pez y luego arrojado a la playa, con Jesús sepultado y luego resucitado. No es necesario que esta analogía sea total, pura y absoluta en todos sus aspectos, características o componentes. Así, por ejemplo, Jesucristo es tipificado en el Cordero por su inocencia, docilidad que lo lleva al sacrificio sin protestar ni resistirse. Salomón tipifica a Cristo por su sabiduría y David por su calidad de rey mesiánico, pero no por sus pecados y defectos.

Tres sentidos fundamentales de la Escritura

Sabemos que existen muchos sentidos en las Escrituras, y estamos estudiándolos en este libro. Pero si fuéramos a señalar tres sentidos fundamentales, deberíamos mencionar el sentido *literal*, el *pleno* y el *típico*. Y podemos clasificarlos de acuerdo con la intención del autor humano o divino del texto:

De acuerdo con el autor humano, según su intención e intento, tenemos *el sentido literal.*

De acuerdo con la intención reveladora del autor divino, que supera a la intención del autor humano, tenemos dos sentidos:

a) el que está contenido en las palabras mismas del texto: *sentido pleno.*

b) el que está contenido en las «cosas» o realidades diversas de la Escritura: *sentido típico.*[i]

---

[i] Raymond E. Brown y otros: *Comentario bíblico "San Jerónimo"*, Vol V, Madrid: Ediciones Cristiandad, 1986. p.313.

Capítulo VI

Interpretación
de textos
históricos

Interpretación de textos históricos

Historia bíblica e historia moderna

La historia bíblica no es como la historia moderna; las narraciones de la Biblia tienen un fin más alto y trascendental que el de transcribir o contar hechos.[1] Los narradores bíblicos buscaban entregar un mensaje, proclamar el poder y sabiduría divinos manifestados en sus acciones dentro de la historia del hombre. Estas acciones las ve el cronista bíblico como portentos del poder divino a favor de su pueblo:

> *Oh Dios, nuestros oídos han oído y nuestros padres nos han contado las proezas que realizaste en sus días, en aquellos tiempos pasados: Con tu mano echaste fuera a las naciones y en su lugar estableciste a nuestros padres; aplastaste a aquellos pueblos, y a nuestros padres los hiciste prosperar. Porque no fue su espada la que conquistó la tierra, ni fue su brazo el que les dio la victoria: fue tu brazo, tu mano derecha; fue la luz de tu rostro, porque tú los amabas.* Salmo 44:1-3

---

[1] Sobre el tema de las narraciones bíblicas véase Gordon D. Fee y Douglas Stuart, *La lectura eficaz de la Biblia*, capítulo V. *«Las narraciones del Antiguo Testamento: su uso apropiado»*. Miami, Editorial Vida, 1985, pp. 67-97.

Los hechos bíblicos se narran a la usanza del Oriente. En la historia de esos pueblos siempre tiene una parte importante la divinidad: un Dios en los pueblos monoteístas como Israel y otros pueblos árabes; o una constelación de dioses, como es el caso de los pueblos paganos politeístas: Asiria, Babilonia, Persia y los pueblos cananeos que poblaron la tierra prometida antes de que llegara el pueblo de Dios. Los hechos históricos no son el resultado exclusivo de la actividad e interacción humanas, sino que la voluntad y hasta el capricho de los dioses tienen su parte[2] en ellos.

Los mismos fenómenos naturales como los terremotos, sequías, huracanes y plagas se atribuían a la intervención de los poderes sobrenaturales. Un dios debía estar en el surgimiento de cada nación y tenía que ver con los grandes acontecimientos sociales, económicos y hasta políticos de los pueblos. Esta filosofía se refleja en la Biblia al narrar la historia del pueblo de Dios. El mismo nombre de «pueblo de DIOS» revela y encarna este pensamiento y filosofía, que se manifiesta de manera concreta en múltiples pasajes históricos. Tomemos como ejemplo el libro de Génesis: Dios es el actor principal en la creación; en la caída y promesa de redención de nuestros primeros padres; en el juicio sobre la soberbia del hombre que resultó en confusión de lenguas de Babel; en la destrucción de Sodoma y Gomorra; en la renovación de la raza humana a través de la familia elegida de Noé; en la formación del pueblo escogido con el llamamiento de Abraham; en la liberación de Egipto con Moisés. En cada uno de estos pasajes aparecen los famosos *Toledots,* palabra hebrea para significar familia, clan, generación. Dios, en efecto, escoge un clan familiar encabezado por un patriarca, y a través de él realiza sus planes. Otros clanes o familias son

---

[2] Milton S. Terry, *Biblical Hermeneutics.* Grand Rapids: Zondervan Publishing House, 1990. pp. 231-42.

rechazados: Abel es el elegido y Caín el rechazado; Noé no sabe por qué lo elige Dios para salvar a un remanente de la raza humana y las especies de animales en el arca; Abraham es traído desde la lejana Ur de los Caldeos para iniciar la familia que será el núcleo fundamental del pueblo escogido; Isaac es el heredero e Ismael debe salir del hogar de su padre junto con su madre esclava; Jacob se queda con la primogenitura y Esaú no será el elegido. Y si nos preguntamos el porqué, la única respuesta válida es «porque Dios lo quiso así; estaba en sus planes». La esencia de la historia bíblica pasa por la mente y voluntad divinas, y ocurre según sus planes.[3]

En pocos pasajes de las Escrituras es tan notoria la presencia y acción divinas como lo es en los relatos del Éxodo. Cada paso de la liberación de Egipto y de la marcha del pueblo a través del desierto hasta desembocar en la tierra prometida está presidido por la intervención divina. El poder de Yahvé se despliega sobre los hechos humanos y sobre los fenómenos naturales (véase Éxodo, capítulos 1-15).[4]

Para el lector moderno, especialmente para el no creyente, esta clase de historia en la que se mezclan lo natural con lo sobrenatural, y en la que el protagonista es Dios a la par con el hombre, se le hace un poco rara y hasta incomprensible. Hoy buscamos principalmente las razones económicas, políticas y sociales de los hechos, y poco nos preocupamos por los factores morales y espirituales que animan a los protagonistas de la historia antigua o contemporánea. Esta actitud no encuadra con la historia bíblica; el elemento de fe es primordial. El cronista

---

[3] Sobre «*La concepción teológica de la historia*» véase José M. Martínez, *Hermenéutica bíblica*. Barcelona: Libros Clie, 1987. pp. 241-43.

[4] Un estudio completo de «*Dios, el Liberador*», The Deliverer, en John I. Durham, *Word Biblical Commentary, Exodus*. Vol. 3. Waco: Word Books, Publisher, 1987. pp. 1-174.

bíblico no es un científico frío y desapasionado que busca sólo narrar los hechos tal como ocurrieron, sin más reflexiones o elaboraciones acerca de los mismos. No. Detrás de cada acontecimiento hay para el narrador bíblico un propósito divino, y al narrar los acontecimientos siempre quiere dejar un mensaje. Por eso la historia bíblica es parte de la revelación divina y el propósito del narrador es descubrir qué quiere decirnos Dios en los acontecimientos de esta historia. Los hechos históricos, pues, son pertinentes y válidos en cuanto nos trasmiten el pensamiento y propósito de Dios. Por eso —individualmente y en conjunto— los hechos históricos bíblicos se constituyen en «hechos de salvación» porque encarnan el propósito de Dios para darle salvación al hombre. Por ejemplo, todos los acontecimientos que constituyen la liberación del pueblo de Egipto, más los múltiples incidentes de su marcha por el desierto y la lucha prolongada por la conquista de Canaán adquieren sentido pleno como parte de un plan de redención de Dios, no solo para su pueblo en Palestina sino para toda la humanidad. Estos hechos, como todos los del Antiguo Testamento, vienen a tener realización total y un sentido completo con la llegada de Jesucristo, Hijo de Dios, libertador supremo del pueblo de Dios e instaurador de un nuevo pueblo y una nueva economía de salvación por medio de su vida, su pasión, su muerte y su resurrección.

Con estos antecedentes se nos hace más fácil proponer algunos parámetros o principios hermenéuticos de interpretación de la historia bíblica:

El factor básico y esencial de la narración bíblica es la acción de Dios

Ésta unifica en un propósito y con una dirección todos los acontecimientos humanos. Este factor es clave para diferenciar la historia bíblica de otras historias, incluyendo la historia moderna tal como hoy la concebimos. La historia bíblica es «una historia profética» porque sus acontecimientos están narrados desde la perspectiva divina a través de los ojos de un profeta (el que habla en nombre de Dios). Esto nos explica por qué los judíos llaman a ciertos libros históricos como Josué, Jueces, 1 y 2 Samuel y 1 y 2 Reyes *profetas anteriores* aunque su contenido es netamente histórico. Sí, pero es la historia tal como la observan los ojos de un profeta. Lo mismo podríamos decir de los Evangelios: son la vida de Jesús observada y narrada un creyente, un discípulo de Cristo, al que le interesa comunicar un mensaje y presentar el plan de salvación de Jesucristo con la narración de sus hechos y palabras.[5] Ahora entendemos mejor la afirmación de Juan al final de su Evangelio:

> *Jesús hizo muchas otras señales milagrosas en presencia de sus discípulos, las cuales no están registradas en este libro. Pero éstas se han escrito para que ustedes crean que Jesús es el Cristo, el Hijo de Dios, y para que al creer en su nombre tengan vida.* Juan 20:30-31

¿Contradice este planteamiento la noción de historia moderna llamada científica? En absoluto. Más bien podríamos decir que la supera. El historiador científico se limita a lo observable y comprobable empíricamente. Por eso su campo es limitado. Todo el campo superior de la vida del espíritu y las realidades sobrenaturales se le escapan. Y la actitud adecuada sería no negar ni afirmar estas realidades a no ser que basado en su fe se atreva a afirmar que Dios, por ejemplo, ha intervenido en determinados acontecimientos. Negarlos por no creer en ellos es contradecir sus propios principios

---

[5] Más sobre el estudio histórico-crítico de la Biblia en Wilfred Jaest y otros, *La interpretación de la Biblia*. Barcelona, Editorial Herder, 1970. pp. 155-74.

objetivos y científicos, ya que sabe muy bien que hay realidades y conocimientos que superan la razón y los sentidos, y
que no pueden comprobarse o analizarse científicamente en
un laboratorio. Es, pues, pretencioso, —y hoy en día está
fuera de tono con la ciencia, que se ha hecho más realista y
humilde en cuanto a la posibilidad de su alcance—, el negar
la intervención divina en la historia del hombre. Tal afirmación, ya hemos dicho, es anticientífica, porque está basada
en un prejuicio filosófico.[6]

Diversas formas de narración bíblica

Descubrimos en la Biblia variadas formas de narrar los
hechos históricos. La primera de ellas es la que podríamos
llamar *narración directa*. Un ejemplo de esta clase de narración la tenemos en el segundo libro de Reyes 25:1-12.
Narra sobriamente la caída de Jerusalén sin interpretarla
en cuanto a sus causas teológicas. Este mismo acontecimiento se narra en 2 Crónicas 36:17-21, pero aquí el hecho
se le atribuye directamente a Dios. En la narración del libro de Reyes el narrador se limita a contar los hechos tal
como acontecieron; es como un testigo ocular de los mismos sin aventurar ningún juicio. En 2 Crónicas el narrador
interpreta el hecho histórico atribuyéndolo a Dios. Esdras
1:1-3 toma esta misma posición. Esta segunda posición es
la que podríamos llamar narración *indirecta* o *interpretativa,* en la que se mezclan otros elementos a los netamente
históricos tales como los poéticos y aun imaginativos. Por
ejemplo, en el capítulo cinco de Jueces, que nos trascribe
el cántico de Débora, la poesía y la imaginación se unen
para adornar la expresión de alegría y testimonio ante la
derrota de Sísara, jefe del ejército de Jabín, en las faldas
del Tabor:

---

[6] Juan Daniel Cetrino, *Dios nos habla*. Lima, Editorial Claretiana, 1993. pp. 115-22.

> *Oh Señor, cuando saliste de Seír, cuando mar-*
> *chaste de los campos de Edom, tembló la tierra, se*
> *estremecieron los cielos, las nubes derramaron*
> *agua. Temblaron las montañas al ver al Señor, el*
> *Dios del Sinaí, al ver al Señor, el Dios de Israel.*
> *Desde los cielos lucharon las estrellas, desde sus ór-*
> *bitas lucharon contra Sísara.* Jueces 5:4-5 y 20

Hay, pues, en el texto sagrado relatos estrictamente históricos cuya narración podría acoplarse a los parámetros
de la historia moderna; pero, como ya lo hemos dicho
muchas veces, este no es el propósito primario del historiador bíblico; y este por lo general interpreta, trascribe
un mensaje envuelto en los hechos que narra. De aquí que
muchos pasajes bíblicos solo pueden considerarse históricos en un concepto muy amplio. Hoy, por ejemplo, nos
quedará muy difícil reconstruir la historia del éxodo tal
como ocurrió realmente, paso a paso, porque la narración
bíblica es fruto de una mezcla de diversas tradiciones en
las que se han mezclado elementos épicos, litúrgicos, teológicos o confesionales, culturales y poéticos. Estos hechos no dejan de ser históricos en sí.[7]

La base histórica de nuestra fe

¿Cuál es el contenido histórico de nuestra fe? ¿Tiene
nuestra fe cristiana una base histórica firme y segura? Afir-
memos terminantemente desde el principio que SÍ la tiene.
No hay un hecho histórico más real y comprobado, por
ejemplo, que el de la presencia de Jesucristo en la tierra.
Ningún personaje histórico ha sido más estudiado e inves-
tigado que Jesucristo. Sobre él han escrito filósofos,

---

[7] Sobre la experiencia del mar de las Cañas o mar Rojo, su situación geográfica y su
historia, véase Raymond Brown y otros en *Comentario bíblico «San Jerónimo»*. Vol. V.
Madrid: Ediciones Cristiandad, 1986. pp. 458-61.

historiadores, antropólogos, arqueólogos, científicos de toda clase, literatos y poetas. Su persona y palabras han sido fuente de inspiración, controversia y ataque para creyentes y no creyentes. Sin embargo, no todos los que se han ocupado de Jesús y han escrutado su vida y mensaje, simpatizan con su figura o enseñanza. Muchos fueron o son ateos, escépticos o indiferentes ante la persona de Jesucristo. Jesucristo, su vida y su doctrina son el hecho más firmemente asentado en la historia; y con él sus acciones redentoras, su empresa de salvación, sus enseñanzas incomparables. La encarnación del Hijo de Dios, su presencia y acción en este mundo forman ya parte del patrimonio histórico de la humanidad. Jesús no es, pues, solo una figura de fe para los que creen en él; es un hecho histórico irrebatible. Lo mismo podríamos afirmar de la Biblia, que con su poesía, sabiduría e historia es el libro de la humanidad entera; ya no de un solo pueblo. No podemos entonces desconectar nuestra fe de la historia. Si hay algo claro en la Biblia, tanto en el Antiguo como en el Nuevo Testamento, es que los autores sagrados estaban convencidos de que Dios intervino repetidamente en la historia del hombre. De hecho, muchos, si no todos los hechos históricos que narran, revelan la intervención de Dios en la historia humana. Es más, aun desde el punto de vista científico muchos hechos y realizaciones de la humanidad quedarían sin explicación, serían incomprensibles si no admitimos la intervención divina. Así como la naturaleza y el universo entero dan testimonio de la existencia y acción de Dios, también la historia humana, y de manera más terminante la historia bíblica, nos testimonian su presencia, acción y poder. Hay hechos de salvación, como el realizado por el Hijo de Dios en su visita a la tierra, que no solo son atestiguados por sus discípulos en los Evangelios, sino que históricamente se han comprobado en su realidad y efectividad a través de veinte siglos de historia, que se ha llamado «después de Cristo».

Cada creyente, cada convertido a la fe cristiana que cambia su vida movido por la fe en el Jesús histórico es un testimonio vivo y concreto de la realidad histórica, espiritual, teológica, natural y sobrenatural de Jesucristo. Un mito o una figura imaginaria no cambia vidas ni trasforma un mundo. La verdad histórica de Cristo y del hecho de salvación que encarna las resume Juan en su Evangelio en un solo versículo que muchos sabemos de memoria:

Porque tanto amó Dios al mundo, que dio a su Hijo unigénito, para que todo el que cree en él no se pierda, sino que tenga vida eterna. (Juan 3:16)

Esta afirmación histórico-teológica se ha hecho realidad humana concreta y viviente más de mil millones de veces, comprobada en las vidas de los seguidores de Jesús.

El género histórico y otros géneros[8]

Debemos diferenciar el hecho salvífico histórico de su interpretación. El primero da origen a lo segundo, pero ambos son elementos inseparables. La interpretación pone de manifiesto el sentido del hecho de la salvación. Nos explica, por ejemplo, el sentido y contenido de la narración de Lucas en el capítulo dos de su Evangelio: por qué nació Jesús en Belén en una cueva de animales; por qué el anuncio fue dado primero a unos pastores; qué significado tiene el canto de los ángeles; cuáles son las consecuencias de este hecho para la humanidad y para cada uno en particular. Sin embargo, toda esta interpretación es válida y tiene sentido si sigue al hecho histórico del nacimiento de Jesús tal como lo narra Lucas. Sin el hecho no podemos hablar

---

[8] Sobre la interpretación histórica del Antiguo y Nuevo Testamentos y sus implicaciones con otros géneros literarios, véase Antonio M. Artola y José Manuel Sánchez Caro, *Biblia y Palabra de Dios*. Estella (Navarra): Editorial Verbo Divino, 1992. pp. 396-99.

de la intervención de Dios en la historia. Y sin esta intervención divina no habría ni revelación ni redención. Sería interesante que el lector recorriera el planteamiento de Pablo en 1 Corintios 15:12-20 acerca del hecho de la resurrección de Cristo, que ilustra precisamente lo que queremos decir en este párrafo.

Pero debemos tener en cuenta que no todos los relatos bíblicos se basan en un hecho histórico. En la Biblia encontramos todos los géneros literarios, y cada uno de ellos sirve de referente para interpretar el contenido y enseñanza divinos de las Escrituras. Cristo, por ejemplo, utilizó maravillosamente el género parabólico. Las parábolas son narraciones no históricas de cosas que no han ocurrido pero que podrían ocurrir, cuyo objetivo primordial no es narrar sino enseñar una lección. Muchos de los aspectos esenciales de la fe cristiana los aprendemos en las parábolas. Y así como las parábolas, hay otras ficciones poéticas incluyendo las alegorías, las metáforas y hasta el mito, como el delicioso mito que nos trascribe el libro de los Jueces (9:7-15) de los árboles que querían elegir su rey. Todos estos géneros y figuras literarias y retóricas nos transmiten la verdad y las enseñanzas básicas de nuestra fe bíblica y evangélica con tanta o mayor eficacia que una narración histórica. Y esto vale para los dos Testamentos, Antiguo y Nuevo. Toda la literatura sapiencial se fundamenta muchas veces en ficciones o suposiciones poéticas y didácticas, como es el caso de las caracterizaciones que hace el libro de los Proverbios del egoísta, el perezoso, el necio, la mujer mala y la mujer laboriosa y mil personajes más, incluyendo la importante caracterización de la sabiduría del Eclesiastés. Estos personajes no representan necesariamente a una persona real o concreta, sino a prototipos inventados de personajes que encarnan y representan vicios o virtudes. Dígase lo mismo del hombre rico y Lázaro (Lucas 16:19-31). Se trata de personajes ficticios inventados por Cristo para enseñarnos el valor supremo de la vida bien aprovechada según los criterios divinos, aquí abajo, antes de que nos llegue la muerte, cuando ya no habrá remedio.[9]

La interpretación reduccionista o fundamentalista

Esperamos que este estudio nos convenza de que la interpretación reduccionista que quiere interpretar todos los hechos y realidades bíblicas, especialmente las narraciones como hechos históricos, es insostenible. La sana crítica literaria, textual e interpretativa nos enseña que la verdad bíblica se revela por medio de múltiples géneros y formas literarias: himnos, proverbios, oraciones y cánticos, historietas ficticias, parábolas, dichos y proverbios sapienciales y por supuesto, hechos históricos o historias y anécdotas edificantes. Muchos personajes bíblicos como Job y Jonás no perderían nada de su carácter edificante si no fueron, por ejemplo, como algunos afirman, personajes históricos sino personajes que encarnan prototipos de personas atrapadas en la prueba y el dolor o en el capricho y rebeldía a los designios de Dios. Así como todos tenemos algo de Don Quijote o Sancho Panza, de Hamlet o Fausto, también tenemos algo de Job o Jonás, de fariseos arrogantes o de publicanos pecadores, de ricos insensatos o siervos prudentes, de vírgenes necias o vírgenes prudentes.

---

9 Sobre parábolas y personajes ficticios, véase Gordon D. Fee y Douglas Stuart, *La lectura eficaz de la Biblia*. Miami: Editorial Vida, 1981. pp. 119-31.

Capítulo VII

Interpretación espiritual de las Escrituras

Interpretación espiritual de las Escrituras

Diferentes lecturas de la Biblia y el sentido espiritual

Como venimos estudiando, la Biblia nos ofrece diferentes sentidos que corresponden a diferentes formas de estudiarla. De ahí nacen clases diversas de interpretación bíblica: interpretación histórica, literaria, teológica y la interpretación espiritual, que es la que nos proponemos estudiar en este capítulo.[1]

Aunque la Biblia es un documento histórico, literario y teológico, su mensaje va dirigido en primer término al individuo, y por medio de él a la comunidad. Por consiguiente, todo lector de las Escrituras debería en primer lugar beneficiarse él mismo de su lectura y estudio. Este acercamiento a la Palabra puede ayudarle a mejorar su vida, propiciando una búsqueda y encuentro con el Dios de la Palabra que le lleve a descubrir su voluntad y propósitos, y a encaminar su vida de acuerdo con ellos. La lectura espiritual de la Palabra debe promover un cambio en nuestra calidad de vida y en nuestra relación con Dios. Lo que queremos decir es que de una u otra forma todo pasaje de las Sagradas Escrituras tiene un mensaje espiritual y moral

---

[1] Para mayor ilustración sobre este tema, véase Walter C. Kaiser Jr. *As the Deer Pants for Streams of Water"- The Devotional Use of the Bible.*, en *An Introduction to Biblical Hermeneutics*, Grand Rapids: Zondervan Publishing House, 1999, pp. 162-170.

que debemos descubrir y aprovechar para nuestra edifica-
ción y progreso. Hay una gran diferencia entre estudiar la
Biblia como un texto académico, histórico o literario, que
halaga nuestra curiosidad intelectual, proveyéndonos interesantes conocimientos de erudición humana, y acercarnos
a ella convencidos de que contiene una riqueza incompara-
ble de verdades divinas útiles, como dice el apóstol San
Pablo: «...para enseñar, para reprender, para corregir y
para instruir en justicia, a fin de que el siervo de Dios esté
enteramente capacitado para toda buena obra» (2 Timoteo
3:16-17). Este acercamiento a la Palabra lo emprendemos
conscientes de que no es cualquier palabra sino «Palabra
de Dios», y sentimos que la mejor forma de prepararnos
para el mismo es en oración. Esta búsqueda del mensaje de
Dios para nuestra vida, este deseo genuino de propiciar a
través de la lectura y estudio de sus páginas una relación
más cercana y verídica con el Dios revelador de la Palabra
y con el Cristo que se nos entrega en ella, es lo que básicamente constituye *la lectura e interpretación espiritual de
las Escrituras.*

Las verdades bíblicas que descubrimos en el texto sagrado se convierten de inmediato en normas, orientaciones, consejos y mandamientos para la vida. El texto sagrado se hace pedagogo de una vida de comunión con
nuestro Dios y su Hijo Jesucristo (véanse Lucas 1:4; Juan
20:30-31; 1 Juan 2:12-14). Para reforzar este ejercicio,
acudimos al Espíritu Santo, cuyo oficio, según Jesús, es
precisamente confirmar en nosotros la obra del Padre y
del Hijo (Juan 15:26-27; 16: 5-11).

El uso práctico y homilético de las Escrituras

Aunque se trata de un uso más personal e individual que
busca la propia inspiración para la vida del espíritu, la interpretación espiritual debe basarse en el texto bíblico auténtico, en el más estricto sentido gramatical e histórico.

De este modo la vida del creyente se verá nutrida y edificada por la verdadera revelación divina. La Palabra no solo edificará, orientará y reforzará las virtudes y dones espirituales, sino que servirá de correctivo a los desvíos de la mente o el corazón.

No solo la vida individual se verá favorecida por este ejercicio de interpretación espiritual, sino también la vida de relación con el prójimo. Seremos edificados con los ejemplos y testimonios del pasado y podremos contar a otros sobre nuestra experiencia con la Palabra. Capítulos enteros, como por ejemplo, Romanos 16, llenos de saludos y palabras corteses para personas desconocidas, podrán servirnos de enseñanza y estímulo para practicar el amor, la simpatía, la bondad y cortesía con otros hermanos y amigos, contribuyendo así a construir un auténtico compañerismo y fraternidad universal. Las vidas de siervos de Dios como Abraham, Moisés, José, David, Daniel, Pablo y centenares más, nos edificarán y ayudarán a través de sus luces y sombras, a imitar sus virtudes y evitar sus defectos. Encontraremos por doquier, a lo largo y ancho del texto sagrado, ejemplos, caracteres, personajes, hechos y acontecimientos de los que podemos sacar lecciones valiosísimas, aplicables a nuestro diario vivir: lecciones de amor, paciencia, fortaleza en el sufrimiento, perseverancia, generosidad y fe que nos permitirán vivir una vida más sana y auténticamente cristiana.[2]

Palabra de vida

Este sentido y uso de las Escrituras es el que justifica el nombre de «Palabra de vida» con el que frecuentemente la identificamos. En efecto, las enseñanzas de la Biblia en un todo se refieren a la vida, y de este modo ejercen su poder transformador. El evangelio y las palabras de Jesús nos

---

[2] Milton S. Terry: *Biblical hermeneutics,* Grand Rapids: Zondervan Publishing House, 1990 p. 598.

imparten no solo la sabiduría del Maestro, sino su misma vida, el poder de su muerte y resurrección. Pablo invita a los filipenses a mantener en alto la palabra de vida, para brillar como estrellas en el firmamento; y así sentirnos en el día de Cristo satisfechos de no haber corrido en vano (Filipenses 2:16). Creemos, pues, que esta palabra de vida comunica al creyente la nueva vida de la gracia y la salvación. Al creer y aceptar el mensaje de la Palabra, quedamos marcados con el sello del Espíritu que nos garantiza la herencia de la vida eterna.

> En él [Cristo] —dice el apóstol Pablo— también ustedes, cuando oyeron el mensaje de la verdad, el evangelio que les trajo salvación, y lo creyeron, fueron marcados con el sello que es el Espíritu Santo prometido. Éste garantiza nuestra herencia hasta que llegue la redención final del pueblo adquirido por Dios, para alabanza de su gloria. Efesios 1:13-14

Tienen, pues, las Escrituras un poder particular de penetración en la vida del que las lee dispuesto a recibir la acción de Dios y de su Espíritu, el poder trasformador y renovador que, viniendo de Dios, nos eleva a su nivel, nos alerta para escucharlo, nos habilita para conocer mejor sus propósitos sobre nuestra vida y nos da la voluntad y fortaleza necesarias para cumplirlos.[3]

Palabra de Dios en lenguaje humano

Para comprender de verdad el mensaje bíblico, es indispensable tener presente que la Escritura es *Palabra de Dios en el leguaje de los hombres.* El lector u oyente de la Palabra no puede pasar por alto ni descuidar los factores

---

[3] John M. Frame. *The Spirit and the Scriptures: Hermeneutics, Authority and Canon.* Grand Rapids: Zondervan Publishing House, 1999 pp. 217-219.

humanos que rodean la Palabra, como tampoco la realidad histórico-cultural en la que se escribió, la situación social y política del medio en que se desarrolló y muchos otros factores humanos que inciden en la comunicación del mensaje bíblico a riesgo de desquiciar el mensaje o hacer decir al texto lo que nunca pretendió comunicar. Por eso es necesario y legítimo enfocar el estudio del texto bíblico a través de todas las ciencias que dan claridad sobre su entorno y contexto histórico, literario, antropológico, lingüístico, etc. Todas las ciencias bíblicas son poderosos auxiliares del estudio exegético del texto y nos aseguran una mayor claridad y exactitud en su interpretación. Pero lo mismo podemos decir de quien se acerca a las Escrituras pensando que se trata solo de un documento humano e ignorando que su origen es nada menos que la mente y el corazón de Dios, que es quien la ha revelado. Aunque en lenguaje humano, las Escrituras siguen siendo *Palabra de Dios*. Para extraer de verdad todo el contenido y descubrir el mensaje pleno de las Escrituras, debemos hacer de su lectura, estudio y meditación una vivencia de fe. Solo así, guiados por el Espíritu de Dios, el lector de la Palabra capta existencialmente el mensaje de salvación y vida que Dios nos comunica a través de su Palabra. Descubre entonces una riqueza admirable de verdades y promesas que puede apropiarse para sí mismo; descubre no sólo al Dios Creador, omnipotente, santo y misericordioso, sino a Jesucristo su Hijo quien, desde las páginas del libro sagrado, le ofrece su gracia y salvación y lo invita a vivir su evangelio y aceptar su oferta de una vida renacida en santidad y fe que comienza aquí, pero se prolonga por toda la eternidad.[4]

---

[4] Juan Daniel Petrino. *Dios Nos Habla*. Lima: Editorial Claretiana, 1993 pp. 275-278.

El propósito final de las Escrituras

El propósito último y definitivo de la revelación divina y del ejercicio de exégesis que nos ayuda a entenderla no es otro que el de descubrir el sentido espiritual y sobrenatural del mensaje bíblico. Descubrimos este sentido cuando estudiamos la Biblia bajo la inspiración y ayuda del Espíritu, y permitimos, en un primer ejercicio de meditación y reflexión íntima y profunda, que el texto nos hable. ¿Qué quiere decirme el Señor a mí en este pasaje? ¿Qué es lo que me pide? ¿Qué me promete? Para descubrir las respuestas a estas y otras preguntas es muy útil y conveniente relacionar las Escrituras con las Escrituras, no leer un pasaje aislado, sino relacionarlo con otros pasajes semejantes donde se dan parecidas enseñanzas o se completan y complementan las enseñanzas que extraemos del pasaje que estamos leyendo o estudiando. El sentido espiritual de las Escrituras se manifiesta fácilmente cuando los textos que leemos los referimos expresamente a los hechos reales que los mismos expresan o describen. ¿De qué concretamente están tratando Dios, Cristo o el autor sagrado en este pasaje? ¿Y qué tiene que ver eso con mi vida o mi estado espiritual; o con mi relación personal con Dios mismo? Por ejemplo, si el texto está tratando de las promesas de Dios, ¿cómo puedo yo participar de esas promesas? ¿Qué me dicen las Escrituras al respecto? Si se trata del amor o de la justicia de Dios revelados en algunos actos de salvación concretos, como hay tantos en la Biblia, ¿qué aplicación concreta tienen estos actos de Dios o de Cristo para mi vida o para la vida de mis semejantes o de mi iglesia?

El sentido espiritual y la aplicación del texto

En exégesis y homilética se enseña que la parte final y definitiva del estudio o exposición del texto es la *aplicación*, que no es más que la implementación en la vida del creyente de lo que se ha estudiado o aprendido. Esta parte viene a ser la prueba definitiva de la efectividad del estudio o predicación de la Palabra, y fue una necesidad sentida desde muy temprano en la Iglesia, según lo atestigua el apóstol Santiago:

> *No se contenten sólo con escuchar la palabra, pues así se engañan ustedes mismos. Llévenla a la práctica. El que escucha la palabra pero no la pone en práctica es como el que se mira el rostro en un espejo y, después de mirarse, se va y se olvida en seguida de cómo es. Pero quien se fija atentamente en la ley perfecta que da libertad, y persevera en ella, no olvidando lo que ha oído sino haciéndolo, recibirá bendición al practicarla.* Santiago 1:22-25

Aprender es más fácil que aplicar y vivir. Pero es esto último lo que realmente Dios se propone con su Palabra: que la vivamos. Y este es el propósito fundamental de la Biblia: cambiar nuestras vidas a través de la aplicación de sus enseñanzas. Los manuales de exégesis bíblica nos dan reglas y orientaciones de cómo podemos aplicar la enseñanza bíblica a nuestra vida completando el ciclo de investigar, descubrir y aplicar el sentido espiritual del texto. El propósito de este escrito no es entrar en ese campo exegético. Sin embargo, a manera de ejemplo, transcribamos aquí un sencillo ejercicio de siete etapas o preguntas que puede hacerse el lector frente al texto para descubrir su sentido espiritual y la forma de aplicarlo a su vida.[5] Busque en el texto:

ejemplos que puede imitar

órdenes o mandamientos que debe cumplir

---

[5] Para un estudio más extenso del tema, véase Walter Henrichsen and Gayle Jackson: *Studying, Interpreting, and Applying the Bible,* section V: *Principles of Application.* Grand Rapids: Zondervan Publishing House, 1990, pp. 259-330.

errores que debe evitar
pecados que le son prohibidos
promesas que puede reclamar
pensamientos que debe atesorar
cambios que debe hacer en su vida

El sentido espiritual y literal

Por importante que sea el sentido espiritual, no puede aislarse de otros sentidos de las Escrituras. Por el contrario, debe basarse en los mismos. Especialmente debe respetar y seguir el sentido literal: lo que básica e inicialmente dice el texto. De otro modo caemos en subjetivismos interpretativos que pueden desvirtuar el auténtico contenido del texto bíblico. Existe y debe existir una estrecha identidad entre el sentido literal y espiritual de las Escrituras. El Espíritu es el que trabaja en nosotros para trasformar nuestro ser de una vida sometida al pecado a una vida dirigida por el Espíritu. La Palabra es el instrumento primordial del Espíritu para hacer su obra; pero el Espíritu no trabaja en nosotros si nos alejamos de la Palabra o torcemos o acomodamos su mensaje a nuestra conveniencia. El tercer actor de esta obra de regeneración es el Hijo de Dios. Es por él, en él y con él que nuestra vida se transforma hasta llegar a la plenitud de la gracia.

Palabra y oración

He aquí otro elemento fundamental en este ejercicio de desentrañar el sentido espiritual de la Palabra para nuestro provecho: la oración. La lectura espiritual de la Palabra —ya sea en público o en privado— debe llevarse en actitud de oración. Es la única forma de percibir en profundidad todas las resonancias de la revelación divina. Es un ejercicio rico y variado; no tiene que ser monótono o rutinario. La oración puede asumir diversas formas al compás del texto que estamos leyendo o estudiando, y de acuerdo con las circunstancias por las que atravesamos. Hay lecturas y situaciones que invitan a la alabanza, a la súplica, a la confesión y al arrepentimiento, a la acción de gracias; en otros casos, acosados por las necesidades y problemas, el texto nos puede estimular a reclamar, suplicar, pedir a Dios; a derramar nuestro espíritu cargado de dolor, frustración y hasta desesperanza. La Palabra puede propiciar que nos concentremos en nosotros mismos en un forcejeo de reclamos y súplicas personales con nuestro Dios. Otras veces nos abre el horizonte y nos hace pensar en los otros —cercanos o lejanos— y sentimos la obligación de incluirlos en nuestro ejercicio de oración y estudio de la Palabra. Se nos extienden los horizontes; nos sentimos responsables del mundo, de la iglesia a la que pertenecemos, de la familia que lleva nuestro nombre, de otros cercanos o lejanos que necesitan la visitación de Dios. De todo esto se vuelve promotora la Palabra de Dios si nos dejamos llevar del contenido y ritmo espiritual que nos comunica; y todo este ejercicio se convierte en una calistenia o gimnasia del espíritu que nos robustece espiritualmente, nos compromete con Dios y con nuestros hermanos, nos mejora por dentro y llena de sentido y propósito nuestra vida, acercándonos al Dios de la Palabra quien, a través de ella, nos inspira y fortalece.

Meditación y reflexión profunda

Para hacer un buen uso de la Biblia como fuente de inspiración y vida espiritual debemos aprender a meditarla, a leerla reflexivamente. La meditación de la Palabra es un arte y una práctica que aprenden solo aquellos que se ejercitan en las altas disciplinas del espíritu. La Biblia misma nos presenta la meditación como un acto de adoración, una forma profunda de oración, un encuentro personal íntimo y comprometido con nuestro Dios. La meditación nos lleva a una más estrecha comunión con Dios. Son muchos los pasajes bíblicos que nos enseñan la verdadera naturaleza de la meditación. Por ejemplo, el Salmo 77, hace referencia a esta actividad en tres de sus versículos. Este Salmo se divide en tres partes: (1) versículos 1-9, que expresan el dolor y desánimo de Asaf pensando que Dios lo ha abandonado y se ha olvidado de él; (2) los versículos 10-20, describen cómo Asaf logra superar estos sentimientos. Durante su tiempo de aflicción y desánimo, cuando no puede dormir, acude a la meditación:

> *Cuando estoy angustiado, recurro al Señor; sin cesar elevo mis manos por las noches, pero me niego a recibir consuelo.*
> *Me acuerdo de Dios, y me lamento; medito en él, y desfallezco.* (Versículos 2-3)

Tiene, además, tiempo para recordar mejores días. Entonces medita y reflexiona:

> *Me pongo a pensar en los tiempos de antaño;*
> *de los años ya idos me acuerdo.*
> *Mi corazón reflexiona por las noches;*
> *mi espíritu medita e inquiere...* (Versículos 5-6)

Pero en su desconcierto, recuerda las grandes obras de Dios en su favor (v.10) y se entrega una vez más a la meditación:

> *Meditaré en todas tus proezas; evocaré tus obras poderosas. (Versículo12)*

El resto es un testimonio de la liberación del espíritu que se opera en el salmista. Los últimos versículos muestran un alma renovada, exultante que alaba y ensalza las glorias del Altísimo, un alma transformada.[6]

---

[6] Véase Walter C. Kaiser Jr. *Op cit.* pp.168-169.

La meditación es una función del corazón que, de acuerdo con el más estricto sentido bíblico, es una función de toda la persona. Se encomia y recomienda en múltiples pasajes de la Biblia, como en los Salmos 19:14; 49:3; Proverbios 15:28; Isaías 33:18. El objeto de la meditación, según el Salmo 49:3, es aprender, entender para expresarse inteligentemente. Nos acercamos a Dios en cuerpo y alma para escucharlo, para dejarnos penetrar de su Palabra; para doblegar nuestra vida a los mandatos de su voluntad. Dejamos que el Espíritu de Dios nos penetre y haga su obra regeneradora en nosotros.

Es claro en las Escrituras que la auténtica meditación se enfoca y alimenta en la Palabra de Dios. Josué 1:8 ordena meditar día y noche en la Ley de Dios. El Salterio comienza elogiando a quien se deleita en la meditación de la Ley de Dios y medita en ella día y noche (Salmo 1:1-2); y el Salmo 119 invita repetidamente a meditar en la Palabra de Dios: en sus preceptos, sus leyes, sus promesas, sus decretos y estatutos.[7]

La pérdida del sentido contemplativo

El activismo ministerial entre pastores y líderes, o los afanes seculares que consumen todo nuestro tiempo y atención, han relegado a un segundo plano —por no decir anulado del todo— el deseo de la lectura reflexiva y meditativa de la Palabra, y lo que los expertos en la vida espiritual llaman «el espíritu contemplativo», aquello que tan bien definió el salmista cuando dijo: «En tus preceptos medito, y pongo mis ojos en tus sendas. En tus decretos hallo deleite, y jamás olvidaré tu palabra» (Salmo 119:15-16). Sin embargo, la Biblia es un libro más que para leer, para meditar. Quien se limita sólo a leerla, no llega a lo profundo de su contenido y a lo más amplio de sus enseñanzas. Se

---

[7] Ibid.

convierte en verdadera lámpara para nuestro caminar y en
lumbrera en nuestro camino (Sal 119:105) cuando la dejamos alumbrar, abriendo nuestra vida y nuestro espíritu a su
luz. No solo nos permite descubrir a Dios y sus maravillas,
sino a nosotros mismos en todo lo que tenemos de bueno y
de malo. La Sagrada Biblia es la carta de Dios para la humanidad, y de manera especial, para toda persona que pisa
este mundo. Y debe meditarse y contemplarse, no tan solo
leerse. Hay que separar cada día un tiempo para un encuentro con Dios y su Palabra. La hiperactividad no deja
espacio para el silencio, la quietud y la paz indispensables
para este encuentro. No hay tiempo para adentrarse en el
inmenso tesoro del Verbo escrito y revelado de Dios. Lo
que ocurre con frecuencia es que acudimos a ella para salir
del paso en una lectura rutinaria intrascendente; nos con-
tentamos con unos cuantos versículos o una cita tomada a
la ligera, y convertimos el Sagrado Texto en una especie
de recetario útil para apoyar nuestras doctrinas o ilustrar
nuestros sermones. Orígenes, el gran Padre de la Iglesia de
finales del siglo II y principios del III d.C., autor de *La He-
xapla,* famosa Biblia en seis versiones diferentes, escribió
acerca del abandono o mal uso de las Escrituras:

*Pues si es cierto que algunos son negligentes en el ejerci-
cio de atender a la Letras Sagradas* (1Tm 4:13) *y de escudri-
ñar las Escrituras* (Juan 5:9) *y en buscar, según el mandato
de Jesús* (Mateo 7:7), el sentido de ellas, y pedir luz sobre
ellos y llamar para que se nos abra lo que tiene cerrado, no
por eso la Palabra divina está vacía de sabiduría.[8]

[8] Orígenes, *Contra Celso*. Traducción al español, Ruiz Bueno, Madrid: Biblioteca de
Autores Cristianos, 1967 p. 394.

Capítulo VIII

Literatura
y sentido
apocalípticos

Capítulo VIII

Literatura y sentido apocalípticos

Definición

Estamos ante un género especial de literatura bíblica que se da también fuera de la Biblia: el **género apocalíptico**. Estas son sus características básicas:

Es un género de literatura revelatoria, en forma narrativa, en la que interviene un ser del otro mundo como medio o intermediario de la revelación. La revelación va dirigida a un ser humano y describe una realidad trascendental que es a la vez temporal: una salvación que se da en el tiempo, o al final de los tiempos, y como tal es *escatológica,* pero que trasciende a la vida futura.[1]

Característica de este género es el dramatismo y la solemnidad de las escenas, así como el frecuente uso de imágenes y símbolos muy vivos y enfáticos.

El género apocalíptico

Podemos comprender por qué el nombre de *Apocalipsis* en su origen griego significa «revelación», literalmente «quitar el velo». El contenido de los escritos apocalípticos son, en efecto, las revelaciones divinas sobre realidades

---

[1] John J. Collins: *Daniel, with an Introduction to Apocalyptic Literature,* Grand Rapids: Eerdmans Publishing Co., 1984, p. 4.

supra-terrenas o del más allá; en la mayoría de los casos, revelaciones sobre los *últimos tiempos*, que identificamos como «la parusía» o «acontecimientos escatológicos». En este sentido los Apocalipsis son proféticos en cuanto que predicen lo que ha de venir; los planes de Dios para el futuro, y la suerte y misión de su pueblo. Pero se trata de una clase de profecía especial que llamamos *profecía apocalíptica.*[2]

El *tipo* y el *antitipo* son recursos literarios utilizados por el género apocalíptico. Se podría representar la profecía apocalíptica con el salto de distancia en el que el corredor se echa para atrás para tomar impulso, y luego emprende la carrera tocando en el punto de partida y saltando hacia el frente, tocando dos o más puntos hasta llegar a la meta de su salto. El profeta apocalíptico hace un movimiento parecido retrocediendo en su profecía al pasado, como hace, por ejemplo, Daniel, que regresa al Exilio en el siglo VI, para luego aplicar su mensaje a sus contemporáneos de varios siglos después, y terminar proyectándolo a los tiempos últimos.[3]

Otro ejemplo de esta proyección múltiple del mensaje profético apocalíptico lo tenemos en las palabras de Cristo sobre la destrucción del templo y las señales del fin del mundo (Mateo 24). Su mensaje sobre la destrucción del templo tendrá cumplimiento solo unos años después, a raíz de la rebelión judía del año 70 d.C. El ejército romano destruye la ciudad y el templo, pero el grueso de la profecía se refiere a los últimos tiempos.

---

[2] Juan Daniel Petrino. *Dios nos habla*, Lima: Editorial Claretiana, 1993, p 232.

[3] Sobre el problema de la unidad, la fecha y el autor de Daniel véase Lous E. Hartman and Alexander A. Di Lella: *The Book of Daniel, Anchor Bible* Vol.23, Garden City, N.Y: Doubleday & Co, 1977, pp. 10-18.

Forma y contenido del género apocalíptico

Forma

La forma tiene que ver con la manera como se da y se recibe la revelación.

Revelación mediática: es la que se da a través de un ser celeste, o extraterrestre. No es directa. Esto distingue la revelación apocalíptica de otras revelaciones, como por ejemplo, la revelación profética.[4]

Revelación autobiográfica: el receptor o comunicador de la revelación habla en primera persona de una experiencia revelatoria experimentada personalmente:

> *Yo, Juan, escribo a las siete iglesias que están en la provincia de Asia… Yo, Juan, hermano de ustedes y compañero en el sufrimiento…En el día del Señor vino sobre mí el Espíritu, y oí detrás de mí una voz fuerte,…* Apocalipsis 1:4, 9 ss.

Esta característica es la más frecuente, pero no es esencial. Se dan también revelaciones en tercera persona; por ejemplo, en Daniel, capítulos 1 al 6; Génesis 6:1-4.

Visiones revelatorias: tampoco es esencial esta característica, aunque es muy frecuente.

Contenido

Hay tres clases de asuntos o tipos revelatorios:

Revisión de la historia, que provoca crisis escatológicas que pueden ser de carácter cósmico, político y de otras formas.

---

[4] Milton S. Ferry: *Biblical Hermeneutics,* Grand Rapids: Zondervan Publishing House, 1990, pp. 405 ss.

Escatología pública, que puede ser cósmica o política, o solamente una *escatología personal.*

El género apocalíptico es muy socorrido en los libros apócrifos y pseudoepigráficos. Tenemos multitud de estos escritos. La Editorial Cristiandad ha publicado cinco tomos tan solo de escritos apócrifos del Antiguo Testamento, para no hablar de los centenares de Apocalipsis atribuidos a todos los apóstoles y personajes importantes del Antiguo y Nuevo Testamentos. Entre los libros canónicos pertenecientes a este género tenemos: el libro de Daniel; partes del libro de Ezequiel, especialmente los capítulos 38 y 39; Isaías, capítulos 24-27, 34-35 y Zacarías capítulos 9 y 14. El Apocalipsis de Juan es el ejemplo más completo y caracterizado del género en el Nuevo Testamento. Otros escritos del Nuevo Testamento que pueden catalogarse como del género apocalíptico son: los discursos de Nuestro Señor en Mateo 24:1-44; Marcos 13: 1-31 y Lucas 21: 5-36; algunos relatos de Pablo: 1Tesalonicenses 4:16-17; 2 Tesalonicenses 2:1-12; y de Pedro: 2 Pedro 3:1-13; y la carta de Judas.[5]

Formas literarias apocalípticas

Los Apocalipsis judíos usan diversas formas literarias: visiones, oraciones, discursos, leyendas, sueños, viajes a ultratumba, etc. Es, pues, un género muy complejo con ciertas características básicas, a saber:

· Las formas literarias se usan en una forma subordinada dentro de un género más amplio. Por ejemplo, oraciones y exhortaciones dentro del género de las *visiones,* como en los capítulos uno y dos de Ezequiel, y en las múltiples visiones del libro del Apocalipsis.

---

[5] Juan D. Petrino *Op. cit.* p. 233.

· Por otra parte encontramos muchos Apocalipsis yuxtapuestos en los que varias unidades formalmente distintas se presentan una junto a otra sin ninguna subordinación. Ejemplo: la visión de Daniel, capítulos 7 al 12.

Tipos básicos de Apocalipsis y sus características comunes

En términos generales, dos son los tipos básicos de este género: (1) *Apocalipsis históricos, (2) Viajes a ultra tumba o al más allá.* Dos son las características que se aplican a ambos tipos:

Primera: el receptor de la revelación es siempre un personaje venerable, por lo general anciano, como Enoc, Daniel, Moisés, Esdras, Baruc, Moisés y Abraham. En el Nuevo Testamento es el anciano Juan.

Segunda: la pseudonimia, o pseudoepigrafía: es un recurso literario muy común en la literatura oriental y en otras literaturas y culturas. Consiste en utilizar el nombre de un personaje representativo para identificar una obra literaria, una tradición, un mensaje o un libro, aunque dicho personaje no sea el autor directo de la obra, o al menos de toda la obra. En la Biblia tenemos varios ejemplos de pseudonimia: a Moisés se le atribuye la autoría de todos los libros del Pentateuco; se habla de los Salmos de David como si él los hubiera compuesto todos; los libros sapienciales se atribuyen a Salomón; varias de las cartas de Pablo fueron redactadas por sus asistentes.

Tercera: el marco narrativo contiene invariablemente un relato de la forma en que se recibió la revelación. Hay dos clases de marcos narrativos: (a) el inmediato, (b) el extendido.

(a) Al inmediato corresponde la *introducción* que describe las circunstancias de la revelación y la reacción del receptor. Y la *conclusión* que describe cómo el visionario despierta del sueño y es traído de regreso a la tierra.

(b) El *marco extendido* está presente en varios Apocalipsis, y comprende algunas historias del receptor de la revelación y otra clase de material revelatorio, parte del cual podría no ser estrictamente del género apocalíptico.[6]

Claves para la interpretación del género apocalíptico

El mismo nombre y su significado «revelación» nos indican que este género devela o descubre verdades y hechos sensacionales que se darán en el futuro cuya situación en el tiempo y el espacio es incierta. Por lo tanto, no debe jugarse con fechas o señalar plazos a los mismos.

El *contexto histórico y social* de cuándo y dónde se producen estos escritos juegan un papel importante en su interpretación: muchos de estos escritos nacen en el siglo II a.C. y se prolongan hasta el siglo III d.C. Son fruto del desfallecimiento individual y colectivo del pueblo de Dios ante las pruebas, persecuciones y tribulaciones por los que atraviesan. Concretamente, las persecuciones y opresiones de Antíoco Epifanes (168-165 a.C.); la conquista de Jerusalén por el general romano Pompeyo (63 a.C.), y la total destrucción del templo, la ciudad y el pueblo judío por Tito (70 a.C.).[7] En general, el ambiente que provoca la producción de esta literatura es el de épocas de revueltas, problemas o incertidumbres. En el trasfondo de su mensaje se perciben la fe y la esperanza de que los acontecimientos están manejados por un poder superior; y en el caso de los creyentes, está siempre latente el mensaje de la soberanía divina que asegura el control de la

---

[6] John J. Collins *Op. cit.* p. 5.

[7] Una explicación más amplia del aspecto sociológico e histórico del género, puede verse en Elizabeth Shüssler Fiorenza: *Apocalipsis, Visión de un mundo justo. Editorial* Estella (Navarra): Editorial Verbo Divino, 1997. pp.19-38.

historia y el cumplimiento de sus propósitos por encima de cualquier eventualidad, prueba u oposición.

· Son, pues, libros de consolación, de esperanza y de garantía. El mensaje subyacente es: «las promesas de Dios se cumplirán; son infalibles». Unas veces este cumplimiento se presenta como inminente, pero siempre rodeado de una atmósfera de oposición o pruebas; otras veces el cumplimiento parece retardarse y debe esperarse con paciencia y confianza. Pero la veracidad y fidelidad de Dios están siempre salvaguardadas.

· Como se trata de los designios y la intervención divinos, todo está rodeado de misterio, y nadie fuera de él lo sabe. Esta es precisamente la razón por la que este género se llama *apocalíptico* o de revelación, y de que su lenguaje sea misterioso, lleno de símbolos y personajes raros. Y es que el autor de esta literatura debe rozarse con realidades sobrenaturales, descifrar los misterios del cielo y del más allá, y entrar en diálogo con seres supraterrenos como ángeles y demonios y hasta con el mismo Dios.

· El lenguaje de esta literatura es enigmático y misterioso, como corresponde a la revelación de cosas ocultas. Aun las cosas sencillas adoptan un carácter complicado. Por ejemplo, la bestia de siete cabezas y diez cuernos (Apocalipsis 13:1); los caballos de varios colores (Apocalipsis 6), y el rollo que tiene que tragarse Ezequiel (Ezequiel 3). Los colores, los animales y los números son en buena parte simbólicos; y la única forma de interpretar una cantidad de detalles es hacerlo alegóricamente. Muchas de las cosas para las que no hay respaldo concreto en hechos históricos se presentan con un tejido de elementos imaginarios.

· El elemento cósmico es muy importante, aunque la época que describe el autor es «abstracta», es decir, que no se puede situar exactamente en el calendario histórico presente o futuro. A esto se une lo que ya hemos anotado, que la profecía y los hechos se colocan bajo el patrocinio de un nombre importante aunque fingido (pseudonimia), que es por lo general el de uno de los grandes personajes bíblicos.

· El propósito de todo este andamiaje misterioso es el de enfatizar el carácter extraordinario y sobrenatural de las cosas, hechos y eventos que se revelan, y que no pueden conocerse de otro modo sino solo a través de una «revelación divina». Pero a la vez se garantiza la intervención de Dios, que siempre cumple sus promesas. La voluntad de Dios se impondrá, y todas las naciones deberán someterse a sus designios inescrutables e infalibles.[8]

Tres principios hermenéuticos importantes

1. Se debe discriminar y determinar claramente lo que es simbólico de lo que no lo es. Por ejemplo, en la profecía de Jesús en el capítulo 24 de Mateo sobre la destrucción del templo y las señales del fin del mundo, la destrucción del templo material de Jerusalén es real y va a ocurrir tal como Cristo lo anuncia. Sin embargo, hay un elemento simbólico en el hecho histórico anunciado, ya que Cristo está hablando también de la muerte y destrucción de su cuerpo, y de la restauración del mismo a través de su resurrección al tercer día. (Véanse Mateo 24 y Juan 2:18-22).[9]

2. Los símbolos deben entenderse en su aspecto y significación más amplia y total y no en un sentido particular.

---

[8] Manuel de Tuya y José Salguero: *Introducción a la Biblia, Vol II*, Madrid: Biblioteca de Autores Cristianos, 1967, pp. 29-31

[9] Milton S., Terry: *Op. cit.* p. 415

Por lo general, el significado simbólico de colores, animales y números en la Biblia es constante y consistente en toda la Biblia, y quien se pone a descubrir o inventar significados para acomodarlos a sus interpretaciones o ideas particulares, se equivoca. Es lo que ha pasado con tantas interpretaciones acomodaticias del anticristo, que ha sido identificado en cada época con variados personajes al gusto del «intérprete» o predicador del momento.

3. En la interpretación de libros y pasajes apocalípticos debe ejercitarse lo que los expertos llaman la «correlación», que consiste en la comparación de unos textos con otros similares o correlativos en las Escrituras.[10] Por lo general, toda la literatura apocalíptica se rige por reglas generales consistentes, aplicables a toda la Biblia. De manera que no debe interpretarse un libro o pasaje del Antiguo o Nuevo Testamento aplicando principios o reglas diferentes de las utilizadas para otros pasajes y libros del mismo género. Por ejemplo, ya hemos dicho que el simbolismo de los números, colores y animales siguen un patrón casi uniforme en todas las Escrituras; y en el trasfondo del mensaje siempre aparecen verdades como la soberanía absoluta de Dios y su dominio de la historia y del destino del universo, que se impondrá sobre cualquier prueba o circunstancia adversa en las que se debata su pueblo.

Una falla en la aplicación del primer principio llevará a una confusión fatal entre lo simbólico y lo literal. Una falla en la aplicación del segundo principio llevará a poner énfasis en detalles sin importancia mientras se descuidan las enseñanzas fundamentales del pasaje reforzadas y clarificadas por pasajes paralelos o similares en otra parte de la Biblia. Por ejemplo, algunos intérpretes enfatizan los

---

[10] Sobre el principio de *correlación* véase Walter Henrichsen & Gayle Jackson *Studying, Interpreting and Applying the Bible,* Grand Rapids: Zondervan Publishing,1994, pp. 103-129.

«diez dedos» de la imagen de Nabucodonosor en la visión de Daniel 2:41-42, y se empeñan en encontrar diez reyes que correspondan a los diez dedos cuando el pasaje ni siquiera menciona el número de los dedos, y si se quiere buscar precedentes de tal clase de imágenes, podemos encontrarlo en la imagen del gigante de Gat (2 Samuel 21:20) que no tiene diez sino veinticuatro dedos: doce en los pies y doce en las manos.[11]

Por otra parte, la observación del tercer principio nos ayuda a notar las diferencias y similitudes de los símbolos y otros elementos de expresión, librándonos de la suposición equivocada de que todos son igualmente aplicables a todas las circunstancias, y que todos los escritores bíblicos los emplean para representar el mismo poder, persona o evento.

---

[11] Lous E. Hartman and Alexander A. Di Lella: *The Book of Daniel, The anchor Bible*, Garden City, N Y: Doubleday & Company, 1978, pp. 141, 146-149.

Capítulo IX

El sentido pleno de las Escrituras

El sentido pleno de las Escrituras

¿Qué es el sentido pleno?

Es un sentido más amplio y profundo que Dios intenta revelar, aunque el autor humano no esté al momento consciente del mismo. Este sentido se va descubriendo progresivamente con la revelación de nuevas verdades y con un mayor entendimiento de las mismas. Viene del latín *sensus plenior* (sentido más completo).[1]

Raymond Brown describe el *sensus plenior* como «el sentido adicional más profundo, pretendido por Dios, pero no buscado necesariamente por el autor humano. Este sentido está contenido en el texto bíblico o en un conjunto de textos y aun en un libro completo de la Biblia; y aparece cuando se estudia a la luz de posteriores revelaciones y desarrollos de la historia y la revelación bíblica.»[2]

Los defensores del *sensus plenior* arguyen que es necesario ir más allá del sentido histórico y literal del texto. La revelación de Dios es progresiva: verdades que fueron percibidas muy difusamente por los profetas y escritores bíblicos de la antigüedad, que van apareciendo claras y

---

[1] Vease Douglas J. Moo: *The problem of Sensus Plenior, en Hermeneutics Authority and Canon*, Grand Rapids: Zondervan Publishers. 1986 pp. 201 ss.

[2] Raymond E. Brown, *The «Sensus Plenior» of Sacred Scripture*. Baltimore: St Mary's University, 1955, p.92.

completas con el progreso de la revelación. El mejor ejemplo es lo que ocurre con los dos Testamentos. Muchas verdades oscuras e imprecisas del Antiguo adquieren toda la plenitud de su claridad con la llegada de Jesucristo y su enseñanza. Las profecías toman sentido y proyección y muchas de las promesas se hacen realidad en la nueva economía de la salvación que nos entrega el Nuevo Testamento. En realidad, el Nuevo Testamento no es más que una reinterpretación del Antiguo a la luz del nuevo hecho de salvación en Jesucristo, que revolucionó la enseñanza revelada dando pleno cumplimiento a las promesas y profecías antiguas y haciendo real y definitivo el plan de salvación de Dios en la persona de su Hijo encarnado.[3]

Este fenómeno complementario y progresivo de la revelación y su culminación en la persona y enseñanza de Jesús es lo que magníficamente presenta el autor de la carta a los Hebreos:

> *Dios, que muchas veces y de varias maneras habló a nuestros antepasados en otras épocas por medio de los profetas, en estos días finales nos ha hablado por medio de su Hijo. A éste lo designó heredero de todo, y por medio de él hizo el universo. El Hijo es el resplandor de la gloria de Dios, la fiel imagen de lo que él es, y el que sostiene todas las cosas con su palabra poderosa...* (1:1-3)

Uso del sensus plenior

Realmente lo que se afirma aquí en la carta a los Hebreos son verdades muy evolucionadas en el pensamiento bíblico que, por ejemplo, los profetas de Israel nunca alcanzaron a vislumbrar. Aunque el *sensus plenior,* tal como lo

---

[3] Véase Manuel de Tuya y José Salguero: *Introducción a la Biblia,* Vol II, Hermenéutica bíblica, Madrid: Biblioteca de Autores Cristianos, 1967, pp.54-84

tratan los biblistas modernos, es de reciente data, (cuando más a partir del año 1925), su aceptación y uso se dio desde el principio de la Iglesia. Lo podemos descubrir en la exégesis patrística e incluso en el Nuevo Testamento.

El sentido pleno de un texto se relaciona directamente con el sentido literal, es decir, el sentido básico primario que el autor da a sus palabras. Lo que ocurre es que debemos admitir que el autor humano con frecuencia no alcanza a comprender todo el contenido y significado de la revelación divina, aun siendo él instrumento de ella. Dios puede, pues, revelar más de lo que el hagiógrafo —o primer recipiente de la revelación— alcanza a comprender. Hasta cierto punto, estamos aquí frente al maravilloso misterio de la revelación divina. Mientras que el autor sagrado comprende básicamente esta revelación desde un principio y la expresa fielmente en lo que nosotros llamamos *el sentido literal del texto,* Dios da a ese mismo texto, desde el mismo momento en que lo revela, un sentido como oculto y profundo de su verdad que inicialmente no capta o comprende el autor humano elegido por Dios para ser inicialmente transmisor de su pensamiento. Este sentido más amplio y completo aparece posteriormente en forma diáfana y clara a la luz de nuevas revelaciones, o cuando nuevas circunstancias o elementos permiten tener una mejor comprensión del texto. Esto último es lo que llamamos el *sentido pleno* o más completo de las Escrituras. Nos damos, pues, cuenta de que el sentido pleno se determina por una ulterior revelación divina o un progreso en el entendimiento de la revelación. Por ejemplo, es seguro que Dios conocía desde el principio el sentido pleno de la salvación que se realizaría plenamente con la encarnación de su Hijo, su pasión, muerte y resurrección. Muchos de estos aspectos de la salvación los descubrimos parcialmente en las profecías y anuncios que aparecen en diversos libros del Antiguo Testamento. El capítulo 53 de Isaías nos hace una descripción tan real de los sufrimientos de Cristo en su pasión, que parece como si el mismo Isaías hubiera estado presente en el juicio y condenación de Jesús, en el camino al Calvario y en su crucifixión y muerte. Sin embargo, el profeta no alcanzó a comprender el significado total y profundo de su profecía. Nosotros hoy sí podemos comprender el *sentido pleno* de este pasaje de Isaías aplicado a la pasión de nuestro Redentor, y podemos asegurar que en la mente e intención de Dios estuvo toda la proyección en la historia de esta profecía sobre el «siervo sufriente», aplicada a la pasión de su Hijo, que Isaías no descubrió totalmente, pero que nosotros descubrimos hoy en su plenitud en las mismas palabras de Isaías.

Otro buen ejemplo es el texto de Malaquías 1:11 sobre el sacrificio en los días mesiánicos:

> *Porque desde donde nace el sol hasta donde se pone, grande es mi nombre entre las naciones. En todo lugar se ofrece incienso y ofrendas puras a mi nombre, porque grande es mi nombre entre las naciones —dice el Señor Todopoderoso—.*

¿Qué comprendió Malaquías de este sacrificio? Sin duda que como profeta místico inspirado pudo penetrar más profundamente en el sentido del misterio de la revelación sobre el sacrificio que quería comunicar a sus contemporáneos; pero no alcanzó a comprender todo el alcance de la misma. Hoy podemos entender a plenitud su revelación. Sabemos que Malaquías está hablando del sacrificio del Mesías, el que el Hijo de Dios realizó en el Calvario y que nos mandó recordar en la celebración de la Eucaristía o Santa Cena.[4]

---

[4] Manuel de Tuya y José Salguero *Op. cit.* pp. 53-54.

Criterios en el descubrimiento y uso del sentido pleno

1. *El sentido pleno no sustituye la exégesis histórica, sino que debe entenderse como un desarrollo de la misma.* Como hemos visto en el caso de Isaías, el sentido completo estaba inicialmente en el texto del profeta; no se agregó nada a la revelación o al texto sino que se profundizó en su sentido. La aplicación de la figura del «siervo sufriente» a Jesús hubiera sido imposible si no tenemos inicialmente el texto y lo aplicamos, como lo ha hecho la exégesis tradicional, al Mesías, aunque algunos intérpretes lo aplican al pueblo de Dios. El sentido pleno no nos da, pues, un nuevo significado, sino que profundiza en el significado inicial primario. El sentido pleno está latente en el texto y brota del texto mismo.

2. *No puede hablarse del sentido más pleno si no se ha determinado el sentido literal.* No puede, pues, admitirse como sentido pleno a cualquier distorsión del sentido obvio del texto agregando interpretaciones acomodaticias o inventadas al sentido literal del pasaje. El paso del sentido literal al pleno es como mirar un paisaje a la luz de la luna o cuando hay poca luz en la noche, para volverlo a ver a plena luz durante el día. Miles de detalles que se nos habían escapado, pero que estaban ahí, aparecen claros e imponentes a la luz de sol.

3. *El sentido pleno de un texto debe ser homogéneo con el sentido literal del mismo.* Este criterio tiene que ver con el anterior. Es decir, que el sentido pleno debe estar en la misma línea de pensamiento de la que el autor humano inspirado quiere expresar. Por ejemplo, cuando Agustín de Hipona convierte la parábola del buen samaritano en una alegoría de la caída del hombre, está hablando de otra cosa y no respeta el sentido literal del pasaje ni el pensamiento que el autor del texto quiso comunicar con esta parábola.

En cambio, Mateo 1:23 usa a Isaías 7:14 para hablar del nacimiento virginal de Cristo respetando el criterio de homogeneidad. El texto alude originalmente al nacimiento de un niño que sería signo de la continuidad de la línea davídica y aseguraría la presencia de Dios entre su pueblo. Aunque Isaías no pensó en *una virgen* sino en una joven, esta interpretación se desarrolló posteriormente en el judaísmo, como lo vemos en la traducción de este pasaje de Isaías en la versión de los LXX (siglo III a.C.), donde la joven que va a concebir se identifica como *virgen*. Y cuando Jesús nació de una virgen en la ciudad de David, él fue el signo de la continuidad de la línea davídica e implicó la presencia de Dios entre su pueblo. Así, este pasaje de Mateo tiene homogeneidad con el de Isaías y se respeta su mensaje e interpretación literal básica, aunque se amplifican sus detalles y su aplicación al Mesías y a su madre.

4. *Debemos estar prevenidos para distinguir entre el sentido pleno y una acomodación del mismo a una interpretación que Dios no intentó dar.* Esto ha llevado y puede llevar a utilizar la teoría del sentido pleno como pretexto para inventar nuevas doctrinas. Nuestra interpretación debe basarse, como hemos dicho, no solo en el sentido inicial histórico que le da el autor sagrado al texto, sino que debe respaldarse en la mejor tradición de la Iglesia. Los comentarios bíblicos, las Biblias de estudio, los buenos teólogos e intérpretes, las decisiones de los concilios y la abundante literatura bíblica que se ha ido produciendo en el transcurso de los siglos, pueden y deben orientar nuestro estudio e interpretación de las Escrituras para que los mismos tengan bases sólidas, arraigadas en la buena tradición cristiana de los muchos escritores, biblistas y teólogos que ha producido la cristiandad en veinte siglos de existencia. Consultar los Santos Padres y los buenos comentaristas, así como la sana doctrina de nuestra Iglesia son, pues,

de mucha ayuda para mantenernos en una línea sana y recta de pensamiento que haga más segura y verídica nuestra interpretación del texto sagrado.[5]

El sentido pleno y la «relectura del texto»

Muchos expertos están renuentes a admitir el sentido pleno como un sentido bíblico, y prefieren llamarlo «relectura o relecturas del texto». Para ellos es el mismo texto leído, releído y reinterpretado con nuevos sentidos diferentes del sentido original. Se da como ejemplo la relectura que Mateo 2:15 hace de Oseas 11:1, aplicando las palabras de este profeta: «De Egipto llamé a mi hijo» —que básica e históricamente se refieren al pueblo de Dios liberado de Egipto— al niño Jesús, que regresa a Palestina desde Egipto después de la muerte de Herodes, su perseguidor.[6] Otro ejemplo es el mandato que se halla en Deuteronomio 25:4 «No le pongas bozal al buey mientras esté trillando», que Pablo relee aplicándolo en 1 Corintios 9:9 a los derechos del Apóstol de participar de los frutos de su labor. Esta misma relectura del texto de Deuteronomio la tenemos en 1 Timoteo 5:18 para enfatizar el derecho del obrero a recibir un justo salario.[7]

Abundan por doquier a lo largo y ancho de la Biblia estas relecturas. Algunas veces se usan para profundizar y ampliar el sentido de textos antiguos; otras, para mostrar su cumplimiento. Quizás el ejemplo más pertinente es el de la promesa hecha a David por parte del profeta Natán en 2 Samuel 7:1-17 de una dinastía y un trono eternos, según la interpretación corriente en la tradición mesiánica del

---

[5] Juan Daniel Petrino: *Dios nos Habla*, Lima: Editorial Claretiana, 1993, pp.239-246.

[6] Donald A. Hagner, *Word Biblical Commentary*, Vol 33A Waco: Word Books, Publishers, 1999. pp.42 ss.

[7] William D. Mounce, *Word Biblical Commentary, Vol 46: Pastoral Epistles* Waco: Word Books, Publishers, 1999. pp. 305-311.

judaísmo tradicional. Históricamente, esta promesa se vio truncada con la destrucción de Jerusalén y dispersión del reino de Judá por parte del rey babilónico Nabucodonosor en el año 587 a.C. De hecho, gran parte del pueblo y sus dirigentes fueron llevados cautivos a Babilonia, la ciudad y el templo fueron destruidos y el reino y la nación quedaron en ruinas. Sin embargo, aunque la monarquía davídica había llegado a su fin, la profecía de Natán siguió vigente, porque, fue releída no una sino muchas veces en nuevas circunstancias históricas en las que se encontró el pueblo de Dios, conservando siempre la esperanza de la restauración de la monarquía davídica. Esta esperanza se encarnó en la figura del Mesías, concebido como un Rey Mesiánico que llegaría algún día a salvar a su pueblo. Este sería el Ungido de Yahvé que daría cumplimiento a las promesas de salvación y reivindicación del pueblo de Dios. Este pasaje tendrá una relectura posterior en el Nuevo Testamento, que es la adoptada como punto fundamental de la Iglesia cristiana. Ese rey mesiánico, Salvador de su pueblo, es Jesucristo.[8]

Importancia y ventajas del sentido pleno

1. *Destaca y resalta la sabiduría y bondad divinas.* Dios derramó todo su pensamiento en la revelación, aunque sabía que los destinatarios de la misma no la comprenderían toda y completa de inmediato sino progresivamente. Sus planes de salvación los fue develando poco a poco hasta completarlos con la llegada de su Hijo a este mundo. Pero desde el principio todas estas verdades estaban de cierto modo contenidas implícitamente en el texto sagrado. Los acontecimientos y la revelación de Cristo y sus apóstoles la hicieron explícita y completa.

---

[8] A.A. Anderson. *Word Biblical Commentary, Vol 11: 2 Samuel,* Waco: Word Books, Publishers, 1999 pp. 111-123.

2. *Establece conexión entre los dos Testamentos.* Agustín de Hipona decía: «El Nuevo Testamento está latente en el Antiguo».[9] Realmente, en el texto del Antiguo se contiene la verdad que con el tiempo y la nueva revelación, a partir de Cristo, se hace clara y evidente. Es *el sensus plenior* (sentido pleno) el único que puede orientar y resolver con seguridad la interpretación de determinados pasajes del Antiguo Testamento citados en el Nuevo Testamento.

3. *El sentido pleno tiene un valor apologético como defensa y justificación de nuestra fe.* Las profecías que parecían oscuras adquieren claridad y precisión cuando descubrimos el significado completo del pasaje. De esta manera se hacen más creíbles y demostrables.

4. *Justifica la exégesis e interpretación histórica y doctrinal o teológica del texto.* La exégesis histórica se ocupa solo del contenido literal-histórico dentro del contexto así mismo histórico en que fue revelado. La exégesis teológica va más allá. Desde siempre los Padres, teólogos y grandes intérpretes de las Escrituras han descubierto en historias, enseñanzas, leyes, cánticos y narraciones compuestos dentro de un particular contexto histórico, un contenido teológico de enseñanza y doctrina. Es así como el estudio milenario de la Biblia ha producido el conocimiento de miles de verdades, muchas de las cuales no aparecían a primera vista en el texto literal histórico, pero que a luz del Evangelio y por obra y gracia de los inspirados intérpretes de la Palabra, hoy conocemos, y constituyen la base de nuestras doctrinas y creencias.

5. *Enriquece teológicamente las Escrituras.* Al permitirnos penetrar más profunda y ampliamente en el significado

---

[9] S. Agustín *Quest, in Hept. 2,73; ML, 34,653.*

del texto, el sentido pleno no solo enriquece el texto mismo
en su contenido teológico, sino que nos enriquece a quienes
lo leemos y estudiamos, y da a nuestra vida fundamentos se-
rios y profundos para vivir nuestra fe.[10]

---

[10] Manuel de Tuya y José Salguero *Op. cit.* pp.98-101.

Capítulo X

Sistemas
y principios
hermenéuticos

Sistemas y principios hermenéuticos

En el transcurso de los siglos se han ido decantando orientaciones y principios de interpretación. Diversos sistemas han dado énfasis a diferentes aspectos y mensajes extraídos del texto bíblico. Sin tratar de explicarlos y entrar en sus postulados y métodos, mencionemos algunos de los que han tenido significación e importancia en el estudio científico de las Escrituras:

Sistema hermenéutico existencial

Este sistema sostiene que si definimos la hermenéutica como el arte de comprender un texto, el acercamiento gramatical y lingüístico al texto es muy importante. Pero la gramática tiene sus limitaciones porque, como hemos visto, las palabras tienen variados sentidos y significados que dificultan el llegar al contenido exacto y total del escrito. Por eso es necesario tratar de penetrar en la mente del autor para saber qué es lo que nos quiere decir, lo que se convierte en un ejercicio no gramatical, sino psicológico. La gramática nos da acceso a la exterioridad del texto: su expresión lingüística; so   lo la psicología nos permite entrar al interior del escritor, que es lo que debe tratar de hacer todo buen intérprete. Conocemos al escritor a partir de nuestro propio conocimiento de lo que somos como seres humanos. Y a la vez, al conocerlo, aprendemos a comprendernos mejor nosotros mismos. Un buen ejemplo de este sistema es la interpretación de Rudolf Bultmann (+ 1976) en sus obras sobre Jesús, donde plantea el desafío de llegar hasta él mismo a partir del texto de los Evangelios. Más que tratar de recuperar una historia en su realidad arqueológica o tradicional, lo importante es sumergirse en la realidad de la misma persona de Jesús, qué es lo que esa historia me revela en todo lo que él y su vida tienen de significativo para mi propia existencia. Este ejercicio, que es más psicológico que histórico, me crea un compromiso existencial.[1]

Sistema hermenéutico histórico-político

Este sistema trata de recuperar la dimensión política del texto bíblico. Insiste en la «revelación como historia»[2] y afirma que cualquier texto bíblico del pasado adquiere un sentido actual sólo si se sitúa en el conjunto de la historia, a través de cuyos acontecimiento Dios se va manifestando, pero teniendo en cuenta siempre el punto final y central de esa historia, que es el *eskaton* (o punto final y último), la resurrección de Jesucristo. Y es a la luz de ese final decisivo como las Escrituras nos iluminan para elaborar proyectos de realización humana individuales o sociales, que son siempre provisionales, pero capaces de transformar el mundo presente hasta lograr la plenitud final escatológica. A esta escuela o sistema pertenecen grandes teólogos como W. Pannenberg, J. Moltman, con su obra *Teología de la esperanza,* y otros seguidores de G. von Rad, con sus teología de «las tradiciones bíblicas».[3]

---

[1] Bultman presenta sus interesantes planteamientos hermenéuticos principalmente en sus obras acerca de Jesús. *La desmitologización del Nuevo Testamento.* Buenos Aires, 1968 y *Creer y comprender,* 2 vols. (Madrid 1974).

[2] Ver amplia explicación de la teología de Gerhar.von Rad, en *La Biblia como Palabra de Dios,* p. 279 y en sus dos tomos de *La Teología del Antiguo Testamento,* Salamanca: Ediciones Sígueme, 1986.

[3] Más información sobre estos teólogos se puede encontrar en *El menester de la predicación,* Verbo Divino, pp.83-109. Consúltese también W. Pannenberg y otros en *La revelación como historia* (Salamanca 1977) y J Moltman, *Teología de la esperanza* (Salamanca 1969).

Este sistema utiliza el método sociológico.
Mientras que la historia se fija normalmente en hechos concretos y relevantes y los expone en un estilo preferentemente narrativo, la sociología se fija más en lo genérico y cotidiano de un movimiento social, analizándolo a base de modelos teóricos. La historia y la sociología son complementarias. De este ejercicio resulta la *exégesis socio-histórica*, que es la que hace de las circunstancias sociales e históricas en las que está situado el texto, un criterio de su comprensión. Intenta conocer los factores sociales, económicos y políticos que obran tanto sobre el autor que escribe como sobre los destinatarios a quienes va dirigida la obra. De esta manera intenta comprender mejor el sentido del texto, puesto que el intérprete se sitúa en la «vida real» del mismo y en la de su autor.

La hermenéutica bíblica de la teología de la liberación. Esta se puede situar dentro del sistema histórico-político. Esta teología saca sus postulados de dos fuentes: la reflexión histórico-política y la situación de pobreza, injusticia y subdesarrollo en la que viven las mayorías en el tercer mundo, principalmente en América Latina. Dentro de esta situación se presenta como una reflexión crítica a la luz de la Palabra del Señor que se acepta por la fe. Esta reflexión debe llevar al proceso de la liberación que, según Gustavo Gutiérrez, pionero de este sistema, abarca no sólo la liberación espiritual, sino también la socio-política, económica, es decir, la liberación de la miseria, de la dependencia, de la opresión y la esclavitud, y la liberación del pecado del hombre, raíz última de toda injusticia y opresión.[4]

---

[4] Información completa sobre este sistema en las siguientes obras: *A theology of liberation,* Gustavo Gutiérrez, Orbis Books, Maryknoll, New York, 1973; *Liberation Theology (A documentary History),* Alfred T. Hennelly (ed), Orbis Books, Maryknoll, N.Y. 1990; *The Liberation of Theology,* Juan Luis Segundo, Orbis Books, Maryknoll, N.Y., 1995 y *Mysterium Liberationis, Fundamental Concepts of Liberation Theology,* Edited by Ignacio Ellacuría y Jon Sobrino, Orbis Books, Maryknoll, y Collins Dove, Harper Collins, 1993.

Aportes de otras ciencias al estudio hermenéutico

Este aporte es significativo y variado, especialmente en los dos últimos siglos. Veamos algunos ejemplos:

La *semiótica y el análisis estructural*. El estudio del texto y su significado a través de los signos nos llevan al estudio de las lenguas y las palabras. Estas, en verdad, son signos externos que nos revelan el sentido interno del pensamiento, sentimiento o idea que queremos comunicar. Todo esto se ha centrado en dar énfasis primordial al estudio de la lingüística con todos sus derivados de estudios filológico, etimológico, semántico, etc. Hoy, más que el origen de las lenguas, se busca averiguar su funcionamiento. Aparece entonces una ciencia nueva: la semiología o semiótica, cuyo objetivo es el de descubrir las articulaciones internas de la lengua y las estructuras del texto. Esto es lo que llamamos el *análisis estructural* o análisis del texto desde su propio interior, el de descubrir las estructuras que producen el sentido. Es en este campo donde biblistas como P. Ricoeur, filósofo francés cristiano, han incursionado con sus investigaciones lingüísticas que buscan recuperar la importancia del lenguaje de los símbolos. Ricoeur propone que la primera tarea de la hermenéutica bíblica es no suscitar de entrada una decisión en el lector, sino permitir que todo el mundo que circunda al texto se despliegue ante este, con todo su simbolismo y su realidad histórico-literarios. De este modo el lenguaje bíblico podrá abrirse camino a través de nuestra propia experiencia, incorporándonos al mundo del texto. Descubriríamos que Dios y Cristo se abren a nuestro conocimiento y entendimiento como una vivencia real, permitida y favorecida por el texto y su mundo, y la interpretación o ejercicio hermenéutico que hacemos del mismo.[5]

---

[5] El estudio del lenguaje simbólico es el centro de toda la obra de P. Ricoeur y la clave de su sistema hermenéutico. Citamos sus obras para beneficio del lector acucioso que quiera profundizar más en el estudio de esta posición: *Hermeneutica bíblica* (Brescia

La lectura feminista de la Biblia es otro camino que se abre a la hermenéutica moderna. No se trata de una mera lectura femenina de la Biblia perfilando el papel de las mujeres en ella o subrayando los rasgos feministas de las Escrituras. Este ejercicio pueden hacerlo —y de hecho lo hacen— muchos hombres. Consiste más bien en leer las Escrituras desde la precomprensión específica del ser mujer en una sociedad patriarcal. Se cuestiona la concepción cultural dominante expresada en el lenguaje masculino, y en estructuras sociales que menosprecian el valor de la mujer y la marginan considerándola inferior.[6]

Podríamos seguir mencionando muchos otros sistemas hermenéuticos que nos mostrarían la nutrida variedad de aproximaciones al texto que se han dado a través de su estudio y exposición en muchos siglos de historia.

Los ejemplos que hemos dado nos muestran la necesidad de llegar de alguna manera a algunos principios generales que dirijan un estudio aprovechado del texto sagrado sin importar qué sistema o método sigamos. Estos principios los encontramos formulados de una u otra manera en multitud de autores y escritores bíblicos, en confesiones de fe de diversas iglesias o denominaciones, y muchos de ellos fueron adoptados y reformulados por el Concilio Vaticano II, en la Constitución *Dei Verbum*.

Principios hermenéuticos generales

Primer principio: Las Escrituras poseen una doble naturaleza: es divina y es humana.

Este es el punto de partida de toda exégesis y hermenéutica bíblica: admitir que las Escrituras son todas ellas palabras

---

1985); *La tarea de la hermenéutica bíblica; La función hermenéutica de la distanciación; Hermenéutica filosófica y hermenéutica bíblica,* todos estos títulos en F. Bovon/G Rouiller (editores).

[6] La obra principal de Elizabeth Shüssler Fiorenza es *In Memory of Her (A Feminist Theological Reconstruction of Christian Origins).* New York: Crossroad Publishing Co., 1986.

humanas y todas ellas Palabra de Dios. Estos dos aspectos son inseparables, y toda hermenéutica bíblica válida para el creyente debe conservar la referencia constante a estas dos cualidades inseparables de la Biblia. «Dios habla en las Sagradas Escrituras por medio de hombres y en lenguaje humano» —dice San Agustín[7]. Este principio es el que justifica una interpretación del texto bíblico, pues solo llegamos a conocer lo que Dios quiso comunicarnos si comprendemos el lenguaje humano en el que nos habla.

La Biblia puede estudiarse —y de hecho se estudia— en universidades y círculos culturales, como un libro netamente humano en su contenido literario y filosófico; o como un documento muy antiguo y valioso que nos transmite la historia y las costumbres de comunidades y culturas muy variadas en las que se desenvolvió la vida del pueblo de Dios. De hecho, hoy por hoy la Biblia se considera no solo el libro de las religiones que lo aceptan como la base de su doctrina revelada, sino como el gran libro de la humanidad. Sin embargo, este acercamiento nos da apenas un conocimiento limitado de las Escrituras. Para el creyente la Biblia es «Palabra de Dios», expresión del pensamiento divino. El creyente, ya sea judío, católico o protestante, se acerca a la Biblia siempre con la convicción de que es «Sagrada Escritura», un libro plenamente humano y plenamente divino. Por eso toda interpretación cristiana de la Biblia presupone una actitud de fe. Este primer principio puede entonces formularse de una manera más completa en la forma siguiente:

Para el lector creyente de la Biblia no cabe la posibilidad de hacer una separación absoluta entre interpretación de la Biblia como obra meramente humana y como obra divina.

---

[7] S. Agustín *De Ciivitate Dei XVIII,6,2.*

Este principio nos lleva al segundo principio:

Segundo principio:
Si tomamos en serio la doble naturaleza de la Palabra, divina-humana, basados en el hecho de su inspiración divina, debemos así mismo tomar muy en serio la parte humana de la misma, ya que tenemos acceso al pensamiento y revelación divinos gracias al lenguaje humano que él quiso utilizar.

El hecho concreto es que Dios eligió hablar por medio de autores humanos. De manera que para conocer el mensaje divino, tenemos necesariamente que entender el sentido de lo que los autores humanos nos transmiten en su lengua. Por eso el primer principio hermenéutico es el de investigar la intención y sentido del mensaje de los autores humanos de las Escrituras. ¿Qué es lo que quieren decir David, Salomón, Isaías, Pablo o Juan? Para llegar a la claridad del mensaje, nos ayudan muchas ciencias humanas, desde la historia y la antropología hasta la semántica y la semiótica.

Pero debemos avanzar un paso más. No basta con estudiar con atención lo que los autores humanos querían decir; hay que estudiar «lo que Dios quiere comunicarnos» con las palabras de ellos. Para esto es necesario un ejercicio de fe que supere cualquier esfuerzo científico. En todo el proceso de la revelación, el creyente acepta la intervención divina. Dios, intencionalmente, busca comunicar su pensamiento al ser humano. Este es un acto gratuito de su sabiduría y misericordia que se pierde en el misterio de su voluntad y soberanía divinas. Al abrir las páginas de la Biblia nos rozamos con el misterio de Dios. Su misma voluntad e intención de comunicarse con el hombre es un misterio de amor y misericordia que se pierde en sus planes y propósito de ofrecer a todos salvación.

Lo dicho nos lleva a un tercer principio que puede formularse de la manera siguiente:

Tercer principio:

Para saber lo que Dios quiere decirnos en las Escrituras, es necesario conocer todas las circunstancias y condicionamientos a los que están sometidos el autor o autores humanos, así como su intención.

Para la aplicación de este principio y en la búsqueda de conocer la intención del autor, nos ayudan los diversos métodos exegéticos y hermenéuticos. Mencionemos dos en particular: los géneros literarios y el método histórico-crítico.

Los géneros literarios. A este punto le dedicamos un espacio amplio en otro lugar de este libro; solo agreguemos que son importantes, porque el hecho concreto es que la verdad y el mensaje se presentan de modos muy diversos, según la obra sea de carácter histórico, poético, profético o de otro género. El intérprete debe indagar lo que el autor quiere decir y dice, según su tiempo y cultura y de acuerdo con las formas o géneros literarios que utiliza. Para descubrir el pensamiento del autor, son de gran ayuda el conocimiento de la mentalidad o formas de pensar de su tiempo; los modismos y formas del lenguaje que expresan esta mentalidad y formas de pensamientos y las técnicas y recursos literarios que se utilizaban en el tiempo del autor. El conocimiento de la lengua y el medio socio-cultural en el que vivió el autor son clave; y las ciencias de la antropología, la historia y aun la psicología son de capital importancia como disciplinas auxiliares del ejercicio exegético y hermenéutico.

Los métodos histórico-críticos. El estudio de los géneros literarios nos conduce necesariamente a la *crítica histórica* que ya hemos mencionado al hablar de la necesidad de relacionar los autores con el ambiente cultural y social de su tiempo. Este método puede también entenderse como el someter a una investigación minuciosa las fuentes utilizadas por los autores bíblicos y nuestras propias fuentes de conocimiento de sus obras, fijando su carácter y valor, en lo que nos ayudan la *crítica textual*, que estudia, descifra, clasifica y compara los miles de manuscritos que poseemos del texto sagrado, y la *crítica literaria* que estudia la forma y composición del texto, su género y estructura lingüística y gramatical.

Cuarto principio:
Este principio es más bien un resumen de los principios anteriores:

Para interpretar correctamente las Escrituras, es necesario utilizar todos los instrumentos y métodos usados en la interpretación de cualquier otra obra humana de características semejantes, a saber: conocimiento de los géneros literarios, la crítica textual y literaria, los métodos filológicos y lingüísticos y los métodos histórico-críticos. Por otra parte, el íntérprete debe liberarse de prejuicios filosóficos o ideológicos que despojen el texto bíblico de su calidad y naturaleza divinas.

Conclusión

Tarea interminable
La Biblia, las Sagradas Escrituras, es la Palabra de Dios y participa de su naturaleza divina; y como tal, es infinita e inagotable. «Tu Palabra, Señor, es eterna, y está firme en los cielos» (Sal 119:89). Esta verdad y principio traen consecuencias metodológicas y teológicas para su estudio y exposición. Metodológicas porque no hay ningún método por completo que sea suficiente para extraer todo el sentido y significado del mensaje que encarna. Todos los métodos ayudan, y una combinación de los mismos puede ayudar aun más para comprender el mensaje de Dios contenido en las Escrituras, pero ninguno agota su contenido.

La participación de las Escrituras en la inagotable plenitud de Dios tiene también consecuencias teológicas, porque su contenido y mensaje se pierden en el misterio divino de su realidad infinita e inescrutable. Dios es un misterio, y de él conocemos sólo lo que él mismo ha querido revelarnos en su Palabra escrita y a través de su Palabra encarnada, Jesucristo. Nadie ha logrado penetrar el misterio de la naturaleza divina, y en buena parte nuestro Dios permanece como «el Dios escondido».[8]

Todo esto nos lleva a concluir que la interpretación de la Palabra de Dios —y con ella el trabajo de la hermenéutica— sigue siendo una tarea interminable porque Dios es un misterio absoluto, infinito, del que también participa Jesucristo, el Verbo encarnado, y su revelación. Por eso esta labor de la interpretación de la Biblia que lleva más de dos milenios, apenas comienza; comienza cada día con cada uno de nosotros cuando tomamos el sagrado libro, lo abrimos y, en oración, nos ponemos en contacto con su mensaje animados y ayudados por la presencia y acción del Espíritu Santo.

Junto con el atormentado patriarca Job, podemos estar seguros, en medio de nuestras alegrías y tristezas, triunfos y fracasos, pruebas y sinsabores, de que:

> *Dios nos habla una y otra vez, aunque no lo percibamos.* Job 33:14

Y tenemos la certeza del poder vital de la Palabra divina, tal como lo sintió el profeta Daniel:

> *Mientras él me hablaba, yo fui recobrando el ánimo y le dije: «Ya que me has reanimado, ¡háblame, Señor!»* Daniel 10:19b

Aprenderemos, entonces, que no hay mejor oración que la que el sacerdote Elí le enseñó a pronunciar al joven Samuel:

> *¡Habla, Señor, que tu siervo escucha!* 1Samuel 3:9

---

[8] Véase Tomás de Aquino, *Suma Teológica*, 1 q. I a.9. Y la amplia exposición de este asunto en K. Rahner *Schridten zur Theologie* IV, 51-99, traducción al español. *Escritos de Teología*, Madrid: Ed. Taurus, 1961.

BIBLIOGRAFÍA

Artola Antonio M. y José Manuel Sánchez Caro. *Biblia y Palabra de Dios*. Estella (Navarra), Editorial Verbo Divino, 1992.

Asociación Bíblica Española. Reseña bíblica: La carta a los Efesios. Estella (Navarra), Editorial Verbo Divino, 2005.

Black, David Allan & David S. Dockery, Editors. *New Testament Criticism & Interpretation*. Grand Rapids, Zondervan Publishing House, 1991.

Brown, Raymond E., Joseph A. Fitzmyer y Roland E. Murphy. *Comentario bíblico «San Jerónimo»*. Tomo V, Estudios sistemáticos. Madrid, Ediciones Cristiandad, 1986.

Bühler, W. y M. *Entender la Biblia*. Libro de trabajo. 2ª. ed. Madrid, Ediciones Paulinas, 1977.

Caballero Cuesta, José María. *Hermenéutica y Biblia*. Estella (Navarra), Editorial Verbo Divino, 1994.

Carson D. A. and John Woodbridge, Editors. *Hermeneutics, Authority, and Canon*. Grand Rapids, Academie Books, Zondervan Publishing House, 1986.

Clines, David J. A. *Job 1 – 20. Word Biblical Commentary*. Vol. 17. Dallas, Texas, Word Books, Publisher, 1989.

Collins, John J. *Daniel, with an Introduction to Apocalyptic Literature*. Vol. XX. Grand Rapids, William B. Eerdmans Publishing Company, 1989

Contreras Molina, F. *El Espíritu en el libro del Apocalipsis*. Salamanca, Ediciones Secretariado Trinitario, 1987.

Dibelius, Martin. *Clásicos de la ciencia bíblica: La historia de las formas evangélicas*. Tomo II. Valencia, Edicep, 1971.

Díez Macho, A. *Apócrifos del Antiguo Testamento*. Tomo I. Introducción general. Madrid, Ediciones Cristiandad, 1984.

¿Entiendes el mensaje? Equipo misionero. Séptima Edición. Santa fe de Bogotá, Ediciones Paulinas, 1992.

Exégesis bíblica: textos, métodos, interpretaciones. Autores varios. Madrid, Ediciones Paulinas, 1979.

Fee, Gordon D. y Douglas Stuart. *La lectura eficaz de la Biblia*. Miami, Editorial Vida, 1985.

Goldingay, John E. *Daniel. Word Biblical Commentary.* Vol. 30. Dallas, Word Books, Publisher, 1989

Hanson, Paul D. *The Dawn of Apocalyptic. The Historical and Sociological Roots of Jewish Apocalyptic Eschatology.* Revised Edition. Philadelphia, Fortress Press, 1989

Hartman Louis F. and Alexander A. Di Lella. *The Book of Daniel. The Anchor Bible.* Vol. 23. Garden City, New York, Doubleday & Company, 1997.

Henrichsen Walter and Gayle Jackson. *Studying, Interpreting, and Applying the Bible.* Grand Rapids, Lamplighter Books, Zondervan Publishing House, 1994.

Hermenéutica – Introducción bíblica. Sección I, por E. Lund y P. C. Nelson. Sección II, por Alice E. Luce. Deerfield, Florida, Editorial Vida, 1975.

Joest, Wilfred, Frank Mussner y otros. *La interpretación de la Biblia.* Barcelona, Editorial Herder, 1970.

Kaiser Walter C. & Moisés Silva. *An Introduction to Biblical Hermeneutics. The Search for Meaning.* Grand Rapids, Zondervan Publishing House, 1994

Lohfink, Gerhard. *Crítica de las formas.* Madrid, Ediciones Paulinas, 1977.

Longman III, Tremper. *Literary Approaches to Biblical Interpretation.* Vol. 3. Grand Rapids, Academie Books, Zondervan Publishing House, 1987.

Marlé, René. *Hermenéutica y catequesis.* Barcelona, Editorial Herder, 1973.

Martin, Ralph P. *2 Corinthians. Word Biblical Commentary,* Vol. 40. Waco, Texas, Word Books, Publisher, 1986.

Martínez, José M. *Hermenéutica bíblica (Cómo interpretar las Sagradas Escrituras).* Barcelona, Libros CLIE, 1984.

Morla Víctor, Asensio. *Libros Sapienciales y otros escritos.* Estella (Navarra), Editorial Verbo Divino, 1994.

Osborne R. Grant. *The Hermeneutical Spiral: A Comprehensive Introduction to Biblical Interpretation.* Downers Grove, Illinois, Intervarsity Press, 1991.

Petrino, Juan Daniel. Dios nos habla. Introducción general a la Sagrada Escritura. Lima, Buenos Aires, Editorial Claretiana, 1993.

Preuss Dietrich, Horst. *Teología del Antiguo Testamento, Yahvé elige y obliga.* Vol. I. Bilbao, Desclée de Brouwer, 1999.

Schillebeeckx, Edward. *Dios, futuro del hombre.* Tercera edición. Salamanca, Ediciones Sígueme, 1971.

Schökel, Alonso L. *Hermenéutica de la palabra. Interpretación teológica de textos Bíblicos.* Tomo III. Bilbao, Ediciones Ega y Ediciones Mensajero, [sin fecha].

Schüssler Fiorenza, Elizabeth. *Apocalipsis: Visión de un mundo justo.* Estella (Navarra), Editorial Verbo Divino, 1997.

Shamon, Albert Joseph Mary, Rev. *Apocalypse, the Book for Our Times.* Milford, Ohio, Faith Publishing Company, 1991.

Stam, Juan. *Apocalipsis, tomo I (capítulos 1 al 5). Comentario Bíblico Iberoamericano.* Buenos Aires, Ediciones Kairós, 1999

Terry, Milton S. *Biblical Hermeneutics. A Treatise on the Interpretation of the Old and New Testaments.* Grand Rapids, Academie Books, Zondervan Publishing House, 1989.

Tuya, Manuel de, y José Salguero. *Introducción a la Biblia: Inspiración bíblica, etc.* Tomo I. Madrid, Biblioteca de Autores Cristianos, 1967.

____ *Introducción a la Biblia: Hermenéutica bíblica, etc.* Tomo II. Madrid, Biblioteca de Autores Cristianos, 1967.

Vanni, Ugo. *Apocalipsis: una asamblea litúrgica interpreta la historia.* Estella (Navarra), Editorial Verbo Divino, 1982.

Vaux, R. de. *Instituciones del Antiguo Testamento.* Barcelona, Editorial Herder, 1985.

Zimmermann, Heinrich. *Los métodos histórico-críticos en el Nuevo Testamento.* Madrid, Biblioteca de Autores Cristianos, 1969.

Zogbo, Lynell y Ernst Wendland. *Guías para la exégesis y traducción de la Biblia. La poesía del Antiguo Testamento: pautas para su traducción.* Miami, Sociedades Bíblicas Unidas, 1989.

Nos agradaría recibir noticias suyas.
Por favor, envíe sus comentarios sobre este libro
a la dirección que aparece a continuación.
Muchas gracias.

Editorial Vida®
.com

Editorial Vida
Vida@zondervan.com
www.editorialvida.com